A Photographic Guide to the Ethnographic North American Indian Basket Collection

Volume 2

Peabody Museum of Archaeology and Ethnology

Second Edition

Compiled by
Susan H. Haskell

Photographs by
Jessica Willson

Peabody Museum of Archaeology and Ethnology
Harvard University, Cambridge, Massachusetts • 2005

The Peabody Museum of Archaeology and Ethnology wishes to acknowledge a generous donation by Wendy Kistler, which made possible the publication of the first edition of this volume.

© 1998, 2005 by the President and Fellows of Harvard College
All rights reserved. First edition 1998
Second edition 2005
Second printing 2006

ISBN 0-87365-837-X
Printed in the United States of America

CONTENTS

PREFACE AND ACKNOWLEDGMENTS
xxxvii

PHOTOGRAPHS OF BASKETS BY
CULTURE AREA 467

Arctic 469
Inuit 469
Alaskan Eskimo 469

Northwest Coast 471
Northwest Coast General 471
Tlingit 471
Nootka/Makah 475
Coast Salish 477
Quinault 477
Skokomish 477
Siletz/Shahaptin 477

Plateau 479
Thompson River 479
Klikitat 479
Nez Perce 480
Umatilla 480
Wasco 481

California 483
Northwestern California 483
Tolowa 483
Hupa/Karok/Yurok 483
Shasta 486
Klamath 487
Maidu 487
Pomo 488
Miwok 490
Central California 490
Southern California 491
Mono/Monache 491
Yokut 492
Cahuilla 492
Mission 493
California General 494

Great Basin 495
Great Basin General 495
Washo 495
Chemehuevi 495
Panamint 496

Southwest 497
Southwest General 497
Havasupai 497
Hualapi-Havasupai 498
Yaqui 498
Pima 498
Papago 502
Hopi 510
Santo Domingo Pueblo 518
Zuni 518
Navajo 518
Ute/Paiute 521
Apache 524

Plains 531
Kiowa 531

Southeast 533
Southeast General 533
Cherokee 533
Seminole 536
Chitimacha 536
Choctaw 537
Coushatta/Koasati 539

Northeast 541
Algonquian 541
Passamaquoddy 542
Micmac 542
Penobscot 542
Ojibwa 543
Mohawk 543

North American General 545

INDEX xxxix

PREFACE AND ACKNOWLEDGMENTS FOR THE SECOND EDITION

This revised edition of the second volume of our *Photographic Guide to the Ethnographic North American Indian Basket Collection* contains baskets acquired by the Peabody Museum between 1985 and 2004. During that time, we were extremely fortunate to receive two large accessions, which contain many North American baskets, as well as many smaller donations.

William H. Claflin (1893–1982), a very active collector of nineteenth and early twentieth-century Native American artifacts, included 98 baskets in his bequest. The baskets are generally from the Southwest, California, and the Northwest Coast and date largely from the early twentieth century.

Over 200 baskets from all regions of North America came to the Peabody from William R. Wright (1928–93), Harvard '51, A.M. '52, Ph.D. '57, a Cincinnati, Ohio, collector. Wright often collected directly from basket makers from the 1960s through the 1980s. A book on William Wright and his collection, *Makers and Markets: The Wright Collection of Twentieth-Century Native American Art,* edited by Penelope Ballard Drooker, was published by the Peabody Museum Press in 1998.

In the descriptions below the photographs, the abbreviation "C:" signifies the collector.

The index in this second volume is a complete index to both volumes. Included in this volume are several baskets from North America that were not made by Native Americans.

This guide would not exist without the help of many people at the Museum. Jessica Willson volunteered countless hours as the photographer of many of the baskets; many, many thanks. Penny Drooker, Marilyn Binder, and Amy Wolff Cay worked diligently to provide accurate descriptions of basket technology and types.

I would like to acknowledge the assistance of Donna Dickerson, Publications Project Manager, and the support of members of the Publications Committee: William L. Fash, Rubie S. Watson, Joan O'Donnell, Richard Meadow, Steven LeBlanc, Gary Urton, Becky Chetham, and Ofer Bar-Yosef.

Susan H. Haskell
January 2005

Photographs of Baskets
by Culture Area

ARCTIC

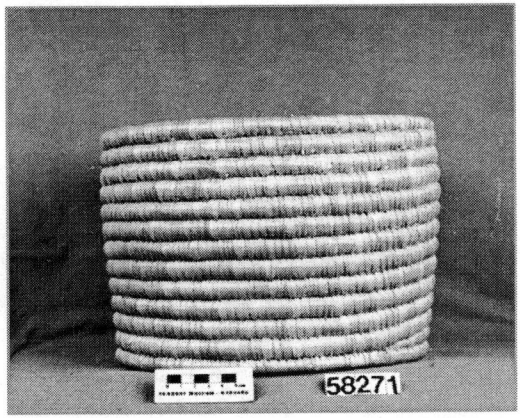

985-15-10/58271   Inuit
Made by Minnie Weetalutuk
Basket with lid
C: C.C. Lamberg Karlovsky
Coiled, bundle foundation, split stitches

995-29-10/73209   Alaskan? Eskimo
Coiled flat human figure on pedestal
C: W.R. Wright
Coiled, split stitches

995-29-10/73210   Alaskan? Eskimo
Shallow bowl-shaped grass basket
C: W.R. Wright
Coiled, bundle foundation

995-29-10/73211   Alaskan Eskimo
Globular grass basket
C: W.R. Wright
Coiled, bundle foundation

995-29-10/73212A/B   Alaskan? Eskimo
Globular grass basket with lid
C: W.R. Wright
Coiled, bundle foundation

995-29-10/73213A/B   Alaskan? Eskimo
Small olla-shaped grass basket with lid
C: W.R. Wright
Coiled, bundle foundation

ARCTIC

995-29-10/73214A/B Alaskan? Eskimo
Small olla-shaped grass basket with lid
C: W.R. Wright
Coiled, bundle foundation

995-29-10/73215A/B Alaskan Eskimo
Globular sea grass basket with lid
C: W.R. Wright
Coiled, bundle foundation

995-29-10/73216A/B Alaskan? Eskimo
Globular sea grass basket with lid
C: W.R. Wright
Coiled, bundle foundation

995-29-10/73217A/B Alaskan Eskimo
Globular grass basket with lid
C: W.R. Wright
Coiled, bundle foundation

995-29-10/73218A/B Alaskan Eskimo
Bowl-shaped baleen basket with lid and ivory handle
C: W.R. Wright
1-rod coiled, ivory start and lid ornament

NORTHWEST COAST

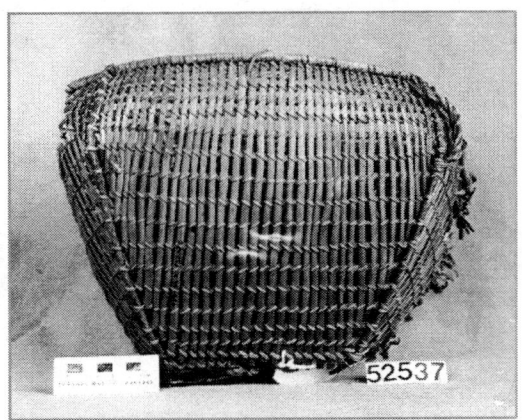

974-56-10/52537 Northwest Coast?
Splint basket with twisted cord carrying strap
C: W.T. Coatsworth and F. Reid, 1898–1910
Open-wrapped twined

995-29-10/73417A/B Northwest Coast
Bottle covered in basketry with lid
C: W.R. Wright
Twined

985-27-10/58944 Tlingit
Basket
C: W.H. Claflin
Close and open twined, false embroidery

985-27-10/58945A/B Tlingit
Rattle lid basket
C: W.H. Claflin
Close twined, false embroidery

985-27-10/58947 Tlingit
Berry or storage basket
C: W.H. Claflin
Close twined, false embroidery

985-27-10/58950 Tlingit?
Basket
C: W.H. Claflin
Plain close twined, false embroidery

NORTHWEST COAST

985-27-10/58952   Tlingit
Basket
C: W.H. Claflin
Close twined, false embroidery

985-27-10/58953   Tlingit
Basket
C: W.H. Claflin
Close twined, false embroidery

985-27-10/58954   Tlingit
Basket
C: W.H. Claflin
Close twined, false embroidery

985-27-10/58955A/B   Tlingit
Basket with lid
C: W.H. Claflin
Close twined, false embroidery

985-27-10/58957   Tlingit
Berry basket
C: W.H. Claflin
Close twined, false embroidery

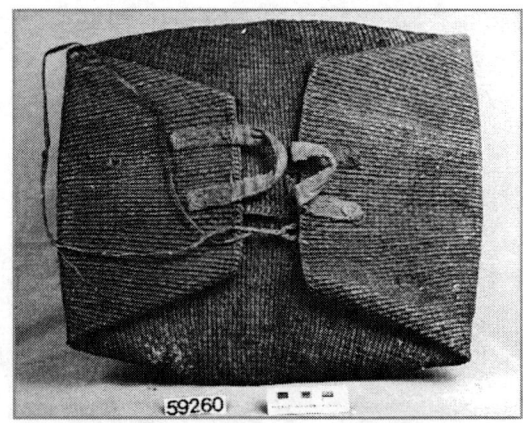

985-27-10/59260   Tlingit?
Basketry bag or wallet
C: W.H. Claflin
Between weave twining, looped fabric handles

NORTHWEST COAST

985-27-10/59271   Tlingit
Tourist basket
C: W.H. Claflin
Twined, false embroidery

995-29-10/73220   Tlingit
Bowl-shaped spruce root basket with lid
C: W.R. Wright
Twined, false embroidery

995-29-10/73221   Tlingit
Bowl-shaped spruce root basket with fluted top
C: W.R. Wright
Twined, false embroidery

995-29-10/73222A/B   Tlingit
Cylindrical spruce root basket with handled lid
C: W.R. Wright
Twined, false embroidery

995-29-10/73223   Tlingit
Rattle-top, spruce root cylindrical basket
C: W.R. Wright
Twined, false embroidery

995-29-10/73224   Tlingit
Cylindrical spruce root basket with knobbed lid
C: W.R. Wright
Twined, false embroidery

473

NORTHWEST COAST

985-27-10/58940   Tlingit (Yakutat)
Basket
C: W.H. Claflin
Twined, false embroidery

985-27-10/58941   Tlingit (Yakutat)
Lid for trinket basket
C: W.H. Claflin
Close twined, false embroidery

985-27-10/58942A/B   Tlingit (Yakutat)
Trinket basket with lid
C: W.H. Claflin
Close twined, false embroidery

985-27-10/58946   Tlingit (Yakutat)
Berry basket
C: W.H. Claflin
Close twined, false embroidery

985-27-10/58948   Tlingit (Yakutat)
Basket
C: W.H. Claflin
Close twined, false embroidery

985-27-10/58951   Tlingit (Yakutat)
Basket
C: W.H. Claflin
Close twined, false embroidery

NORTHWEST COAST

985-27-10/58956   Tlingit (Yakutat)
Round basket, flexible construction
C: W.H. Claflin
Close twined, false embroidery

985-27-10/58943   Makah
Basket
C: W.H. Claflin
Close wrapped twined

987-16-10/71176A/B   Nootka/Makah
Basket with cover
C: E.A. Hawks, 1910–1916
Wrapped twined, plain plaited, plain twined

995-29-10/73225A/B   Nootka/Makah
Miniature bowl-shaped basket with lid
C: W.R. Wright
Wrapped twined

995-29-10/73226A/B   Nootka/Makah
Miniature bowl-shaped basket with lid
C: W.R. Wright
Wrapped twined

995-29-10/73227A/B   Nootka/Makah
Miniature bowl-shaped basket with lid
C: W.R. Wright
Wrapped twined

NORTHWEST COAST

995-29-10/73228A/B   Nootka/Makah
Miniature bowl-shaped basket with lid
C: W.R. Wright
Wrapped twined

995-29-10/73229A/B   Nootka/Makah
Bowl-shaped basket with lid
C: W.R. Wright
Wrapped twined

995-29-10/73230   Nootka/Makah
Oval grass and cedar basket with scalloped rim
C: W.R. Wright
Plaited and wrapped twined

995-29-10/73231   Nootka/Makah
Oval grass and cedar basket with scalloped rim
C: W.R. Wright
Plaited and wrapped twined

995-29-10/73232   Nootka/Makah
Double-faced cedar carrying basket with handles
C: W.R. Wright
Plaited, twined

2000.23.3.1, 2   Makah
Small cylindrical covered basket
C: Harriet C. Cushman
Wrapped twining

NORTHWEST COAST

986-14-10/60049A/B   Fraser River Salish?
Hamper with lid
C: B. Harvey, 1979–1986
Coiled, flat wood splint foundation; lid coiled, beaded, rim sides plaited

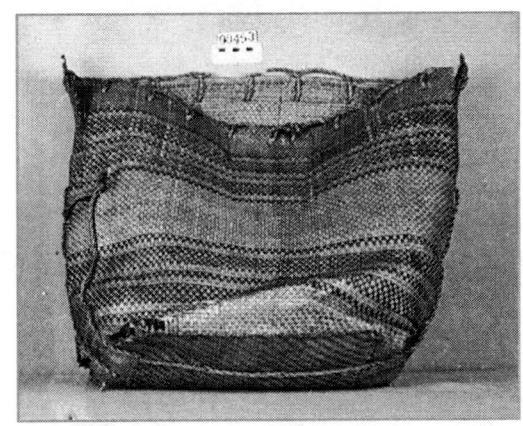

30-9-10/98453   Coast Salish
Storage basket
C: Mrs. William Whitman
Plain and twill plaited

995-29-10/73233A/B   Quinault
Small cedar bark cup and saucer
C: W.R. Wright
Wrapped twined with plaited and plain twined start

995-29-10/73246   Skokomish?
Bowl-shaped tule fiber basket
C: W.R. Wright
Plain and 3-strand twined, 1-face overlay

2001.27.1   Siletz or Shahaptin
Double-handled carrying basket
C: Elizabeth A. Compton
Twined in open crisscross pattern

985-27-10/59253   Thompson River Salish
Rectangular basket
C: W.H. Claflin
Coiled, imbricated

995-29-10/73234A/B   Thompson River
Oval cedar root basket with lid
C: W.R. Wright
Coiled, imbricated

995-29-10/73235   Thompson River
Rectangular cedar root basket
C: W.R. Wright
Coiled, imbricated

986-14-10/60050   Salish? Klikitat?
Small, cylindrical utility basket
C: B. Harvey, 1979–1986
Coiled, imbricated, false braid rim, hide handle

995-29-10/73219   Klikitat?
Bowl-shaped basket
C: W.R. Wright
Coiled, imbricated, bundle foundation

995-29-10/73236   Klikitat
Cylindrical basket
C: W.R. Wright
Coiled, imbricated

PLATEAU

995-29-10/73241 Nez Perce
Corn husk bag
C: W.R. Wright
Twined, false embroidery

995-29-10/73242 Nez Perce
Corn husk bag
C: W.R. Wright
Twined, false embroidery

995-29-10/73243 Nez Perce
Corn husk bag
C: W.R. Wright
Twined, false embroidery

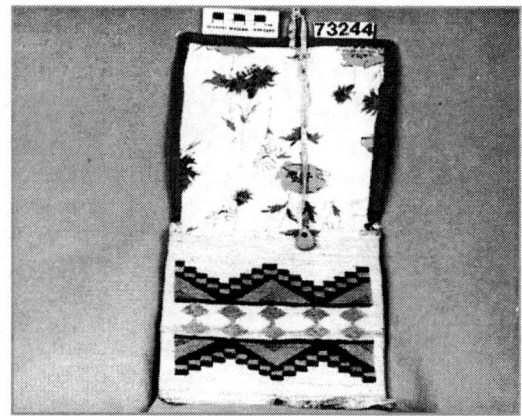

995-29-10/73244 Nez Perce
Corn husk wallet or purse
C: W.R. Wright
Twined, false embroidery

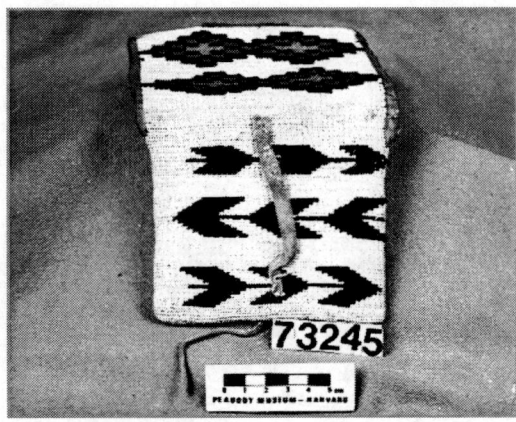

995-29-10/73245 Nez Perce
Corn husk wallet or purse
C: W.R. Wright
Twined, false embroidery

995-29-10/73237 Umatilla?
Corn husk soft basket
C: W.R. Wright
Twined, geometric painted and overlay decoration

PLATEAU

995-29-10/73240   Umatilla
Cylindrical corn husk soft basket
C: W.R. Wright
Twined

985-27-10/59259   Wasco?
Basketry sally bag
C: W.H. Claflin
Plain and wrapped twined

995-29-10/73238   Wasco
Cylindrical corn husk soft basket
C: W.R. Wright
Twined

995-29-10/73239   Wasco/Nez Perce?
Miniature cylindrical rush or corn husk soft basket
C: W.R. Wright
Twined

2003.24.1   Wasco
Made by Pat Courtney Gold, 2003
Sally bag, "Honor the 1805 Wasco Weaver"
Museum purchase
Full-turn twined

2004.31.1   Wasco
Made by Pat Courtney Gold, 2004
Small oval basket with agate base
C: Anonymous
Twined

481

CALIFORNIA

995-29-10/73250   Northwestern California
Distorted globular basket
C: W.R. Wright
Plain and 3-strand twined

990-8-10/73053   Tolowa?
Handled basket
C: N. Neas, ca. 1911   Open, plain twined, parallel warp, 2 rows crossed warp

08-4-10/73192   Tolowa
Woman's basketry cap
C: Lewis Farlow through Grace Nicholson and C. Hartman
Plain and 3-strand twined, overlay

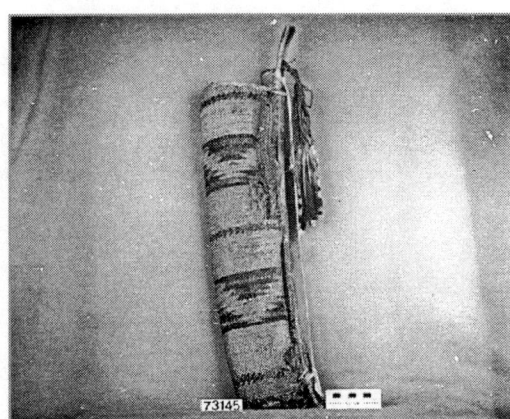

08-4-10/73145   Hupa
Dance basket for Jump Dance
C: Lewis Farlow through Grace Nicholson and C. Hartman; "from old Yanasson on Trinity River."   Plain twined, 1-face overlay

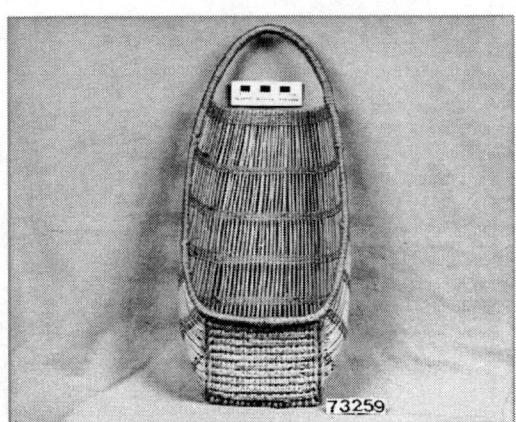

995-29-10/73259   Hupa
Miniature cradle
C: W.R. Wright
Open twining of wood splints with decorative rows of crossed warp elements

985-27-10/59251   Hupa/Karok
Basketry cap
C: W.H. Claflin
Twined, 1-face overlay

CALIFORNIA

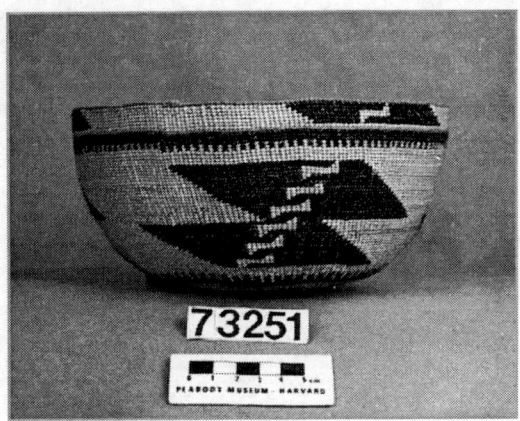

995-29-10/73251   Hupa/Karok/Yurok
Bowl-shaped hat
C: W.R. Wright
Twined, 1-face overlay

995-29-10/73252   Hupa/Karok/Yurok
Bowl-shaped hat
C: W.R. Wright
Twined, 1-face overlay

995-29-10/73253   Hupa/Karok/Yurok
Bowl-shaped hat
C: W.R. Wright
Twined, 1-face overlay

995-29-10/73254   Hupa/Karok/Yurok
Basket
C: W.R. Wright
Twined, 1-face overlay

995-29-10/73255   Hupa/Karok/Yurok
Bowl-shaped child's hat
C: W.R. Wright
Twined, 1-face overlay

995-29-10/73256   Hupa/Karok/Yurok
Globular bowl
C: W.R. Wright
Twined, 1-face overlay

CALIFORNIA

995-29-10/73257 Hupa/Karok/Yurok
Globular bowl
C: W.R. Wright
Twined, 1-face overlay

995-29-10/73258 Hupa/Karok/Yurok
Teacup-shaped basket with handle
C: W.R. Wright
Twined, 1-face overlay

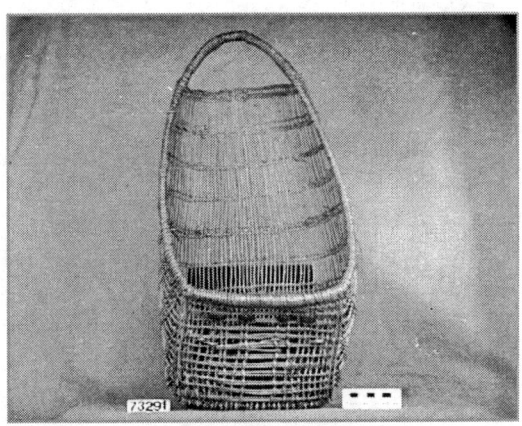

08-4-10/73291 Karok-Upper Klamath River
Basketry baby carrier
C: Lewis Farlow through Grace Nicholson and
C. Hartman
Open twined

08-4-10/73292 Karok-Upper Klamath River
Basketry baby carrier
C: Lewis Farlow through Grace Nicholson and
C. Hartman
Open twined

08-4-10/73346 Karok
Dance basket
C: Lewis Farlow through Grace Nicholson
Plain twined, overlay

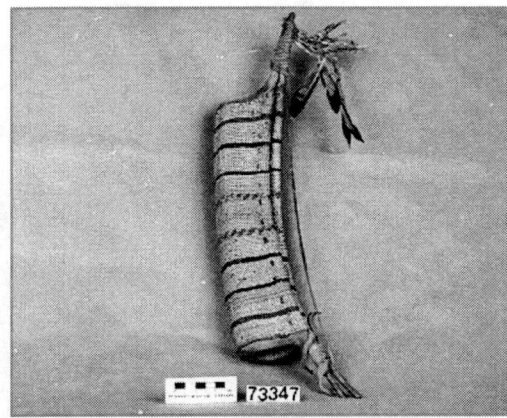

08-4-10/73347 Karok-Upper Klamath River
Dance basket
C: Lewis Farlow through Grace Nicholson and
C. Hartman. "Obtained from Little Ike."
Plain twined, overlay

485

CALIFORNIA

985-27-10/59261   Karok
Bowl-shaped basket
C: W.H. Claflin
Twined

985-19-10/60039   Karok/Hupa/Yurok
Basketry hat
C: R.C. Ryan's uncle, ca. 1900
Plain close twined, 1-face overlay

985-27-10/59269   Karok/Yurok
Basketry cap
C: W.H. Claflin
Twined

985-27-10/59250   Shasta
Cooking basket
C: W.H. Claflin
Close, plain twined

985-27-10/59262   Shasta
Cooking basket
C: W.H. Claflin
Twined

985-27-10/59272   Shasta?
Deep basketry (cooking?) bowl
C: W.H. Claflin
Twined

CALIFORNIA

995-29-10/73248 Shasta
Globular basket
C: W.R. Wright
Twined

995-29-10/73249 Shasta
Globular basket
C: W.R. Wright
Plain and 3-strand twined, 2-face overlay

985-27-10/59268 Klamath
Basketry cap
C: W.H. Claflin
Twined

995-29-10/73247 Klamath
Globular, tule fiber basket, slight pedestal
C: W.R. Wright
Twined

974-5-10/52511 Maidu
Basketry bowl
C: Unknown
Coiled, 3-rod, interlocking stitches

985-27-10/59252 Maidu?
Flared basket
C: W.H. Claflin
3-rod coiled, remnant of sewed-on feathered, shell bead decoration

CALIFORNIA

995-29-10/73263   Maidu
Bowl-shaped basket
C: W.R. Wright
Rod coiled

995-29-10/73264   Maidu
Flared, bowl-shaped basket
C: W.R. Wright
Rod coiled

985-27-10/59254   Pomo?
Cooking basket
C: W.H. Claflin
Twined

985-27-10/59255   Pomo
Burden basket
C: W.H. Claflin
Close twined

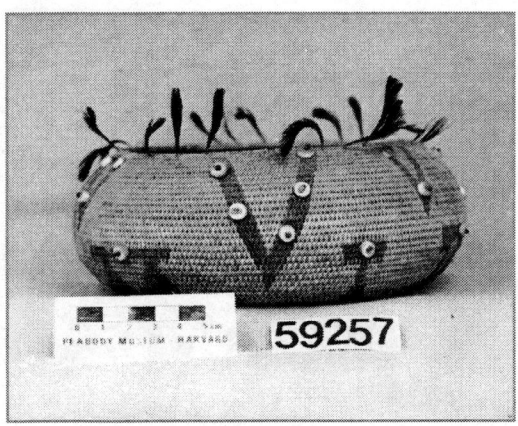

985-27-10/59257   Pomo
Shallow, incurved basket
C: W.H. Claflin
Coiled, 1-rod foundation

985-27-10/59264   Pomo
Basketry tray
C: W.H. Claflin
Twined

CALIFORNIA

985-27-10/59265 Pomo
Gambling tray
C: W.H. Claflin
Twined

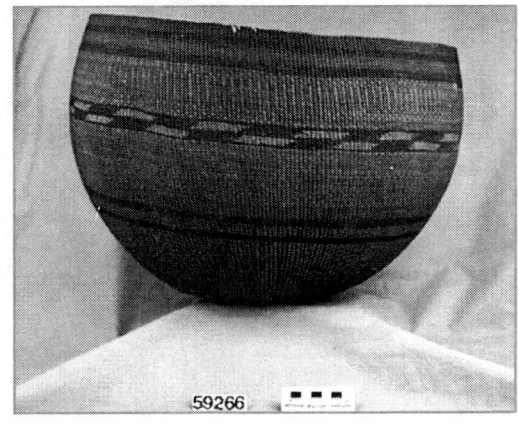

985-27-10/59266 Pomo?
Cooking basket
C: W.H. Claflin
Twined

985-27-10/59267 Pomo?
Incurved basket
C: W.H. Claflin
Twined, shell bead appendages

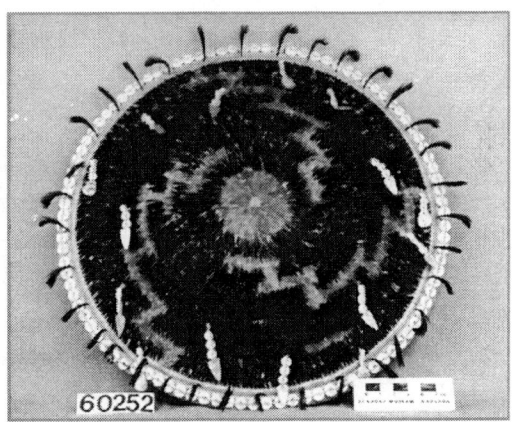

985-27-10/60252 Pomo
Plate-shaped, feathered basket
C: W.H. Claflin
Rod coiled

985-27-10/60253 Pomo
Bowl-shaped, feathered basket
C: W.H. Claflin
Rod coiled

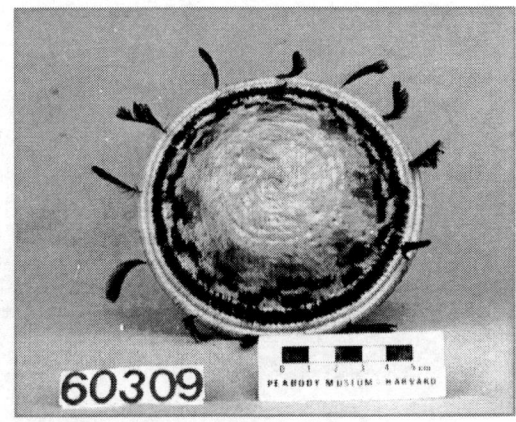

985-27-10/60309 Pomo
Bowl-shaped, feathered basket
C: W.H. Claflin
Coiled

CALIFORNIA

995-29-10/73260 Pomo
Miniature oval-shaped basket with blue beads
C: W.R. Wright
1-rod coiled

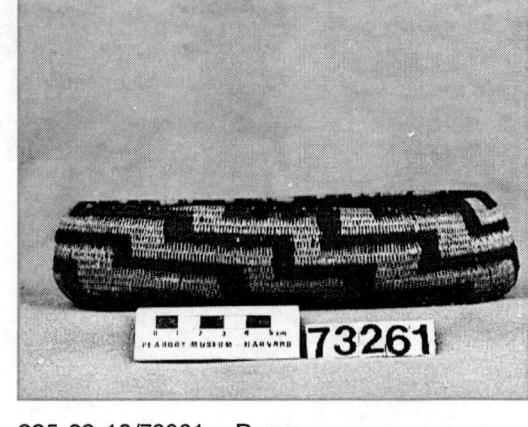

995-29-10/73261 Pomo
Oval-shaped pine root basket
C: W.R. Wright
1-rod coiled

995-29-10/73262 Pomo
Bowl-shaped basket with white shell and trade beads
C: W.R. Wright
1-rod coiled

985-27-10/59263 Miwok
Bowl-shaped basket
C: W.H. Claflin
Coiled, bundle foundation

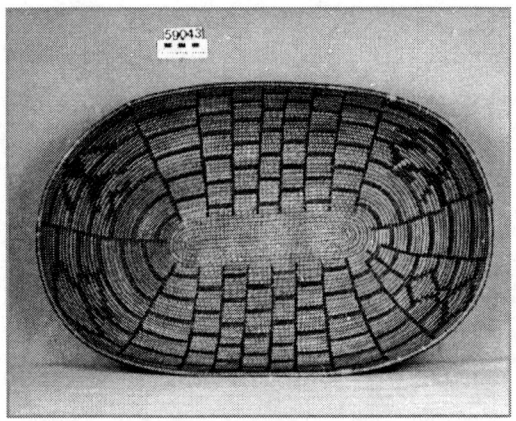

985-27-10/59043 Central California?
Large oval shallow basket bowl
C: W.H. Claflin
3-rod coiled, dark reddish brown design, 1 life form and geometric linear motifs

CALIFORNIA

985-27-10/59017   Southern California?
Incurved basket
C: W.H. Claflin
Coiled, bundle foundation

985-27-10/59018   Southern California?
Globular basket
C: W.H. Claflin
Coiled, bundle foundation

986-14-10/60051   Tipai or Luiseno or
Southern California
Small oval basket
C: B. Harvey, 1979–1986   Coiled, bundle
foundation, non-interlocking stitches

995-29-10/73277   Mono
Willow winnowing tray
C: W.R. Wright
Twined

995-29-10/73278   Mono
Miniature willow burden basket
C: W.R. Wright
Twined

967-3-10/44402   Monache, influenced by
Maidu
Globular basket
C: Alfred M. Tozzer
3-rod, close coiled

CALIFORNIA

995-29-10/73265   Yokut
Flared, bowl-shaped basket
C: W.R. Wright
Coiled, bundle construction

995-29-10/73266   Yokut
Globular marsh grass bundle basket
C: W.R. Wright
Coiled

995-29-10/73267   Yokut
Straight-sided marsh grass bundle basket
C: W.R. Wright
Coiled

995-29-10/73268   Yokut
Oval, bowl-shaped basket
C: W.R. Wright
Coiled

995-29-10/73269   Yokut
Bottleneck marsh grass bundle basket
C: W.R. Wright
Coiled

985-27-10/59236   Cahuilla
Basketry bowl
C: W.H. Claflin
Coiled, bundle foundation

CALIFORNIA

03-1-10/62714 Mission
Basketry bowl
C: Lewis Farlow
Coiled, bundle construction

967-5-10/44404A/B Mission?
Basket with lid
C: W.D. Phelps, 1841–1857
Coiled, bundle foundation, non-interlocking spaced stitches

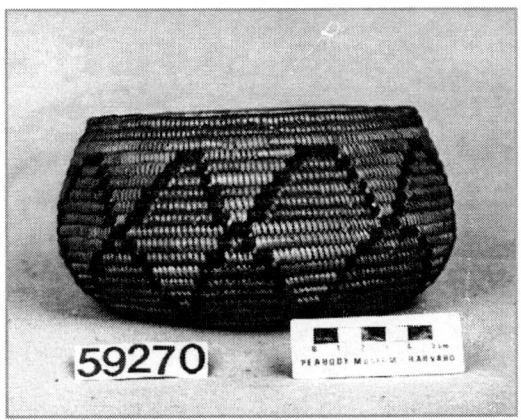

985-27-10/59270 Mission
Bowl-shaped basket
C: W.H. Claflin
Coiled, bundle foundation

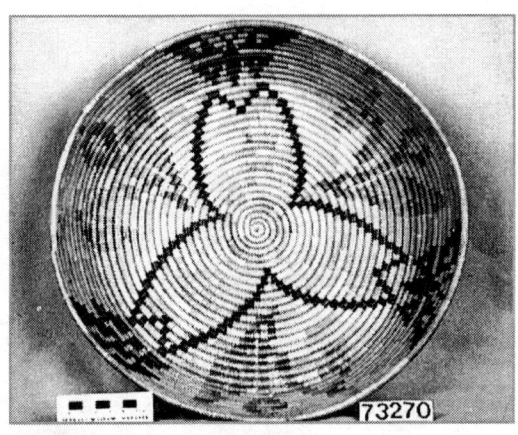

995-29-10/73270 Mission
Circular, flat-bottom basket
C: W.R. Wright
Coiled

995-29-10/73271 Mission
Oval, bowl-shaped basket
C: W.R. Wright
Coiled

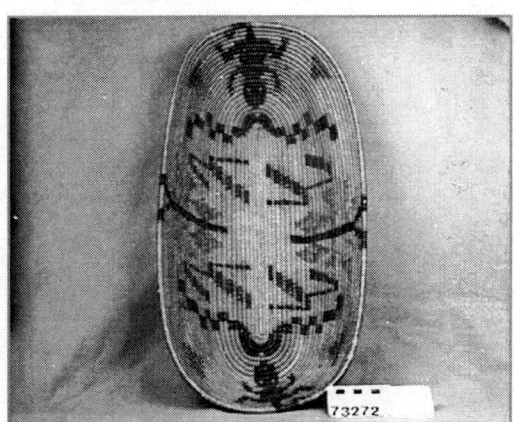

995-29-10/73272 Mission
Oval, bowl-shaped basket
C: W.R. Wright
Coiled

CALIFORNIA

995-29-10/73273 Mission
Circular, flared, bowl-shaped basket
C: W.R. Wright
Coiled

999-25-10/87054 Mission
Basketry bowl
C: Anonymous
Coiled

972-6-10/51578 California?Basin?
Basket bowl with handle fragment
C: D. Coolidge
Coiled, 1-rod

GREAT BASIN

985-27-10/60534   Great Basin?
Bowl-shaped basket
C: W.H. Claflin
Coiled, bundle foundation

995-29-10/73274   Washo
Globular basket
C: W.R. Wright
Coiled

995-29-10/73275   Washo
Bowl-shaped basket with Indian head coin
button in center base
C: W.R. Wright
Coiled

995-29-10/73276   Washo
Flared storage basket
C: W.R. Wright
Coiled

995-29-10/73285   Chemehuevi
Circular, bowl-shaped basket
C: W.R. Wright
Coiled

995-29-10/73286   Chemehuevi
Circular plate basket
C: W.R. Wright
Coiled

GREAT BASIN

995-29-10/73279   Panamint
Oval basket
C: W.R. Wright
Coiled

995-29-10/73280   Panamint
Bowl-shaped basket
C: W.R. Wright
Coiled

SOUTHWEST

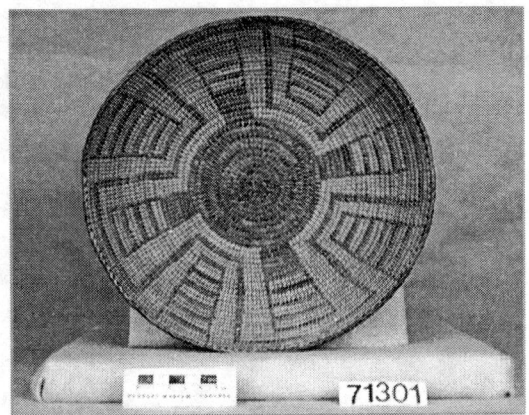

988-16-10/71301   Southwest
Basket
C: L. Malone's ex-husband, 1940s–1950s
Coiled

995-29-10/73290   Havasupai
Miniature bowl-shaped basket
C: W.R. Wright
Coiled

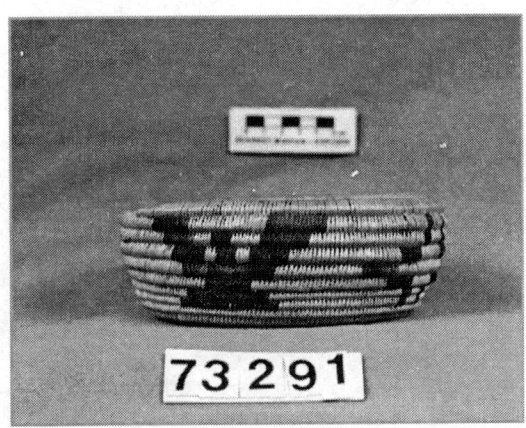

995-29-10/73291   Havasupai
Bowl-shaped basket
C: W.R. Wright
Coiled

995-29-10/73292   Havasupai
Bowl-shaped, flared basket
C: W.R. Wright
Coiled

995-29-10/73293   Havasupai
Bowl-shaped, straight-sided basket
C: W.R. Wright
Coiled

995-29-10/73294   Havasupai
Bowl-shaped basket
C: W.R. Wright
Coiled

SOUTHWEST

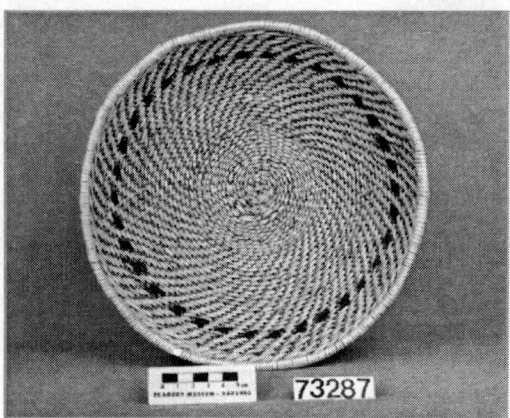

995-29-10/73287   Hualapai-Havasupai
Circular tray-shaped basket
C: W.R. Wright
Plain and diagonal twined

995-29-10/73288   Hualapi-Havasupai
Circular bowl-shaped basket
C: W.R. Wright
Diagonal and 3-strand twined

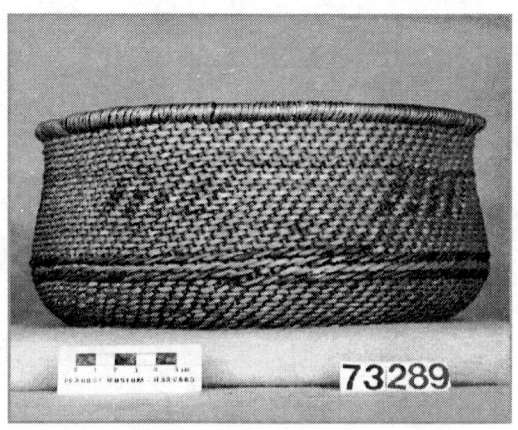

995-29-10/73289   Hualapi-Havasupai
Jar-shaped, shallow basket
C: W.R. Wright
Diagonal and 3-strand twined

995-29-10/73295   Hualapi-Havasupai
Circular, shallow basket
C: W.R. Wright
Twined

969-1-10/49247   Yaqui?
Utility basket
C: Unknown
Diagonal or twill plaited

995-29-10/73349   Pima
Large cattail reed bowl
C: W.R. Wright
Coiled

SOUTHWEST

985-27-10/59007 Pima
Small, flared basket bowl
C: W.H. Claflin
Coiled, bundle foundation

985-27-10/59020 Pima
Flared-sided basket
C: W.H. Claflin
Coiled, bundle foundation

985-27-10/59024 Pima
Shallow flaring bowl-shaped basket
C: W.H. Claflin
Coiled, bundle foundation

995-29-10/73330 Pima
Miniature cattail reed bowl
C: W.R. Wright
Coiled

995-29-10/73331 Pima
Cattail reed bowl
C: W.R. Wright
Coiled

995-29-10/73332 Pima
Small cattail reed olla-shaped bowl
C: W.R. Wright
Coiled

SOUTHWEST

995-29-10/73333 Pima
Flared cattail reed bowl
C: W.R. Wright
Coiled

995-29-10/73335A/B Pima
Oval cattail reed bowl with lid
C: W.R. Wright
Coiled

995-29-10/73336 Pima
Small shallow bowl or tray
C: W.R. Wright
Coiled, bundle foundation

995-29-10/73337 Pima
Flared, cattail reed bowl
C: W.R. Wright
Coiled

995-29-10/73338 Pima
Cattail reed bowl
C: W.R. Wright
Coiled, spaced stitching

995-29-10/73339 Pima
Cattail reed bowl
C: W.R. Wright
Coiled

SOUTHWEST

995-29-10/73340 Pima
Cattail reed vase
C: W.R. Wright
Coiled

995-29-10/73341 Pima
Oval, shallow cattail reed bowl
C: W.R. Wright
Coiled, spaced stitching

995-29-10/73342 Pima
Circular cattail reed tray
C: W.R. Wright
Coiled

995-29-10/73343 Pima
Circular, shallow cattail reed tray or plaque
C: W.R. Wright
Coiled, spaced stitching

995-29-10/73344 Pima
Circular, shallow cattail reed tray
C: W.R. Wright
Coiled, spaced stitching

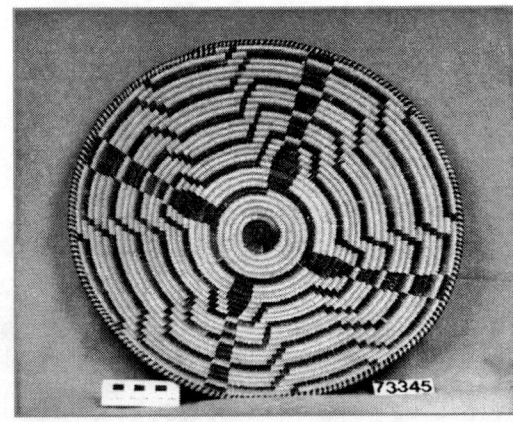

995-29-10/73345 Pima
Circular cattail reed tray
C: W.R. Wright
Coiled

SOUTHWEST

995-29-10/73346 Pima
Large cattail reed bowl
C: W.R. Wright
Coiled

995-29-10/73347 Pima
Flared, bowl-shaped basket
C: W.R. Wright
Coiled

995-29-10/73348 Pima
Flared cattail reed bowl
C: W.R. Wright
Coiled

985-27-10/59010 Papago/Pima
Bowl-shaped basket
C: W.H. Claflin
Coiled, bundle foundation

985-27-10/59038 Pima/Papago
Basket bowl
C: W.H. Claflin
Coiled, bundle foundation

982-22-10/58603 Papago
Small shallow circular basketry bowl or plate
C: Mr. and Mrs. W. Owen
Coiled, bundle foundation, widely spaced split stitches

SOUTHWEST

985-27-10/59006   Papago
Bowl-shaped basket
C: W.H. Claflin
Coiled, bundle foundation

985-27-10/59026   Papago
Plaque-shaped basket
C: W.H. Claflin
Coiled, bundle foundation

995-29-10/73296   Papago
Cylindrical basket with handled lid
C: W.R. Wright
Coiled, bundle foundation

995-29-10/73297   Papago
Bowl-shaped basket with flared rim
C: W.R. Wright
Coiled, bundle foundation

995-29-10/73298   Papago
Bowl-shaped, straight-sided basket
C: W.R. Wright
Coiled, bundle foundation

995-29-10/73299   Papago
Large, bowl-shaped, flared basket
C: W.R. Wright
Coiled, bundle foundation

SOUTHWEST

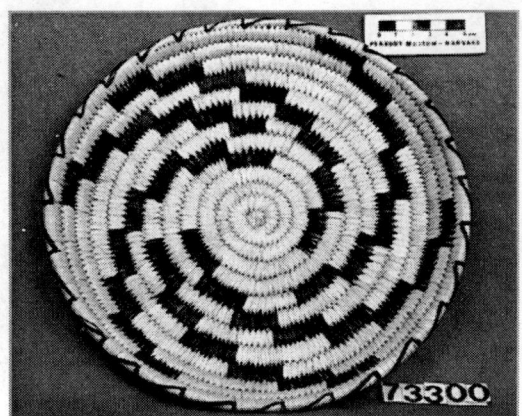

995-29-10/73300 Papago
Circular, flared plate basket
C: W.R. Wright
Coiled, bundle foundation

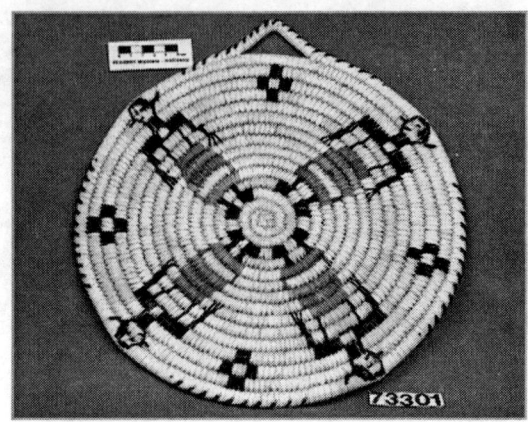

995-29-10/73301 Papago
Circular, flat plaque basket with handle
C: W.R. Wright
Coiled, bundle foundation

995-29-10/73302 Papago
Circular, bowl-shaped basket
C: W.R. Wright
Coiled, bundle foundation

995-29-10/73303 Papago
Globular basket with attached lid and movable handle
C: W.R. Wright
Coiled, bundle foundation

995-29-10/73304 Papago
Oval basket with attached lid
C: W.R. Wright
Coiled, bundle foundation

995-29-10/73305 Papago
Frying pan
C: W.R. Wright
Coiled, bundle foundation

SOUTHWEST

995-29-10/73306   Papago
Cowboy hat
C: W.R. Wright
Coiled, bundle foundation

995-29-10/73307A/B   Papago
Figure of a woman with detachable olla
C: W.R. Wright
Coiled, bundle foundation

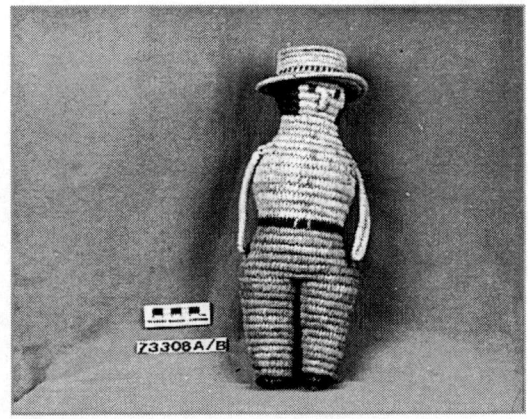

995-29-10/73308A/B   Papago
Figure of a man with detachable hat
C: W.R. Wright
Coiled, bundle foundation

995-29-10/73309A/B   Papago
Made by Rosari Ventura
Figure of a woman with detachable hat
C: W.R. Wright
Coiled, bundle foundation

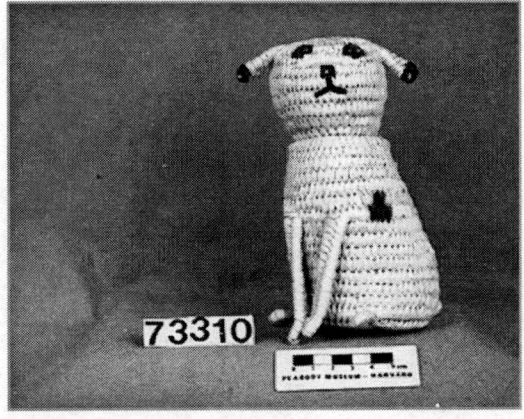

995-29-10/73310   Papago
Seated dog with removable head
C: W.R. Wright
Coiled, bundle foundation

995-29-10/73311A/B   Papago
Seated rabbit with removable head
C: W.R. Wright
Coiled, bundle foundation

SOUTHWEST

995-29-10/73312A/B Papago
Made by Ruth Antone
Standing pig with lid
C: W.R. Wright
Coiled, bundle foundation

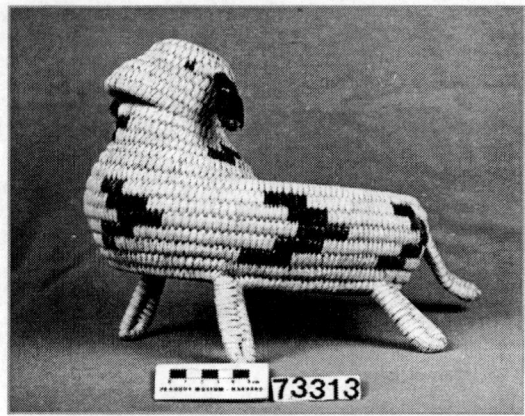

995-29-10/73313 Papago
Oval, bowl-shaped basket in form of sheep
C: W.R. Wright
Coiled, bundle foundation

995-29-10/73314A/B Papago
Turtle-shaped basket with lid
C: W.R. Wright
Coiled, bundle foundation

995-29-10/73315 Papago/Pima
Miniature cone-shaped carrying bag or *kiaha*
C: W.R. Wright
Netted, attached plaited strap

995-29-10/73316 Papago
Coiled miniature black cat of horse hair
C: W.R. Wright
Coiled

995-29-10/73317 Papago
Miniature sombrero
C: W.R. Wright
Coiled, bundle foundation, horsehair stitching

SOUTHWEST

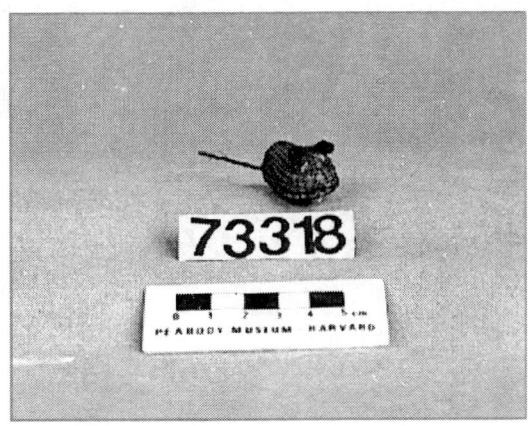

995-29-10/73318   Papago
Miniature mouse effigy
C: W.R. Wright
Coiled, bundle foundation, horsehair stitching

995-29-10/73319   Papago
Miniature pitcher-shaped horse hair jug
C: W.R. Wright
Coiled, widely spaced stitches

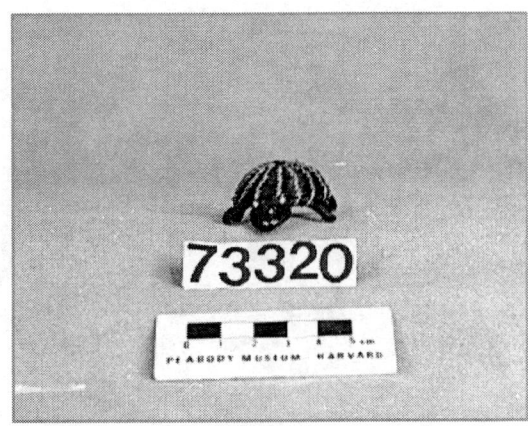

995-29-10/73320   Papago
Miniature horsehair turtle effigy
C: W.R. Wright
Coiled, widely spaced stitches

995-29-10/73321   Papago
Miniature horsehair and grass bundle effigy
C: W.R. Wright
Coiled, widely spaced stitches

995-29-10/73322A/B   Papago
Miniature globular horse hair basket with lid
C: W.R. Wright
Coiled

995-29-10/73323   Papago
Miniature horse hair plate
C: W.R. Wright
Coiled, widely spaced stitches

SOUTHWEST

995-29-10/73324   Papago
Miniature horse hair plate
C: W.R. Wright
Coiled, widely spaced stitches

995-29-10/73325   Papago
Miniature horse hair plate
C: W.R. Wright
Coiled, widely spaced stitches

995-29-10/73326A/B   Papago
Miniature globular horse hair bowl with lid
C: W.R. Wright
Coiled

995-29-10/73327   Papago
Miniature horse hair bowl
C: W.R. Wright
Coiled

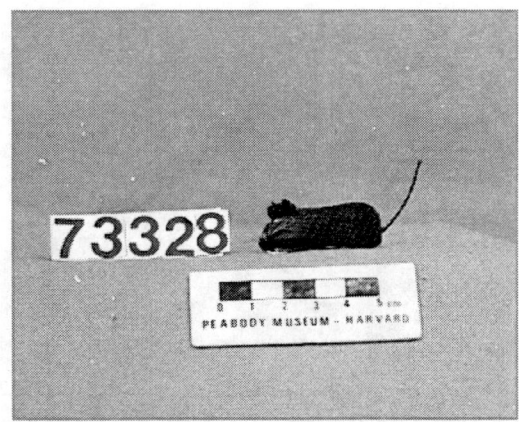

995-29-10/73328   Papago
Miniature horse hair mouse effigy
C: W.R. Wright
Coiled

995-29-10/73329A/B   Papago
Miniature globular bowl with lid
C: W.R. Wright
Coiled, bundle foundation, horsehair stitching

SOUTHWEST

995-29-10/73334   Papago?
Bowl
C: W.R. Wright
Coiled

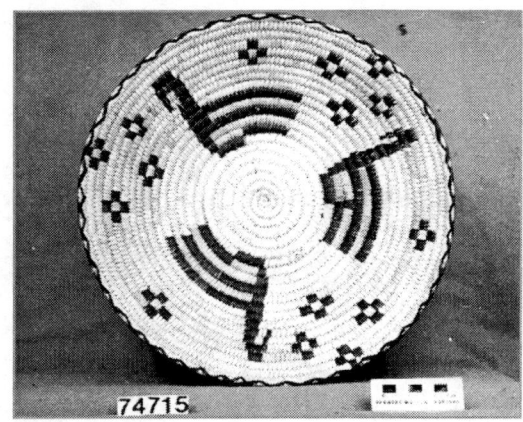

997-20-10/74715   Papago
Shallow bowl or tray
C: Harriet C. Cushman   Coiled, bundle foundation; 3 life forms and cross or flower motifs

997-20-10/74716   Papago?
Straight-sided basketry bowl
C: Harriet C. Cushman
Coiled, bundle foundation, continuous outlined diamond pattern

997-20-10/74723   Papago
Shallow bowl or tray
C: Harriet C. Cushman
Coiled, bundle foundation, tripartite abstract motif

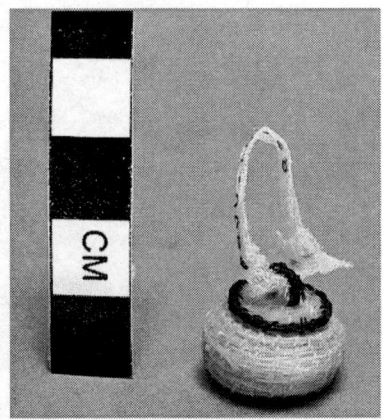

2000.18.48   Papago
Miniature basket with handled lid
C: Ann Leigh Mintern
Coiled

2000.18.49   Papago
Miniature basket with handle
C: Ann Leigh Mintern
Coiled

SOUTHWEST

2000.18.50   Papago
Miniature basketry dish
C: Ann Leigh Mintern
Coiled

2000.18.51   Papago
Miniature basket
C: Ann Leigh Mintern
Coiled

2000.23.19   Papago
Basketry bowl with animal design
C: Harriet C. Cushman
Bundle-coiled

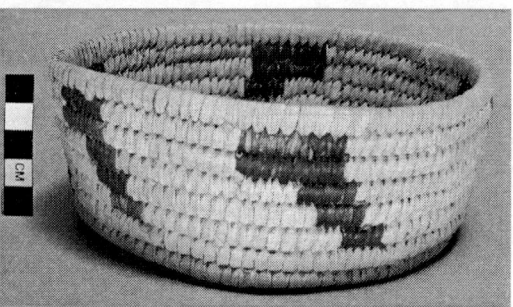

2000.23.20   Papago
Basketry bowl with diagonal terraced design
C: Harriet C. Cushman
Bundle-coiled

985-27-10/59243   Hopi
Yucca basketry sifter *(tuchai ya)*
C: W.H. Claflin
Twill plaited, rod rim with overcast selvage

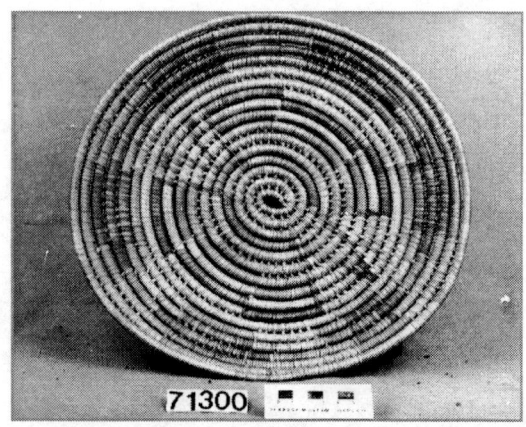

988-16-10/71300   Hopi
Basket
C: L. Malone's ex-husband, 1940s–1950s
Open coiled

SOUTHWEST

995-29-10/73350   Hopi
Circular sifter made of yucca
C: W.R. Wright
Plaited

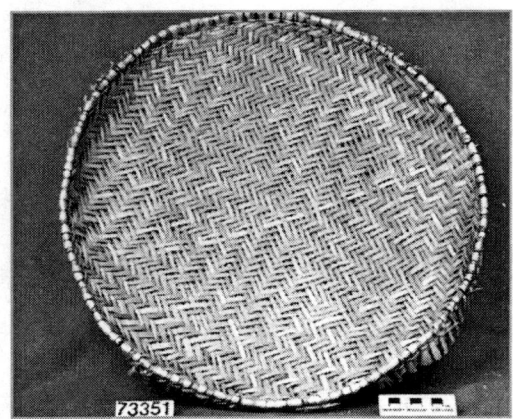

995-29-10/73351   Hopi
Circular sifter made of yucca
C: W.R. Wright
Plaited

995-29-10/73352   Hopi
Miniature peach basket with attached cradle katsina
C: W.R. Wright
Plaited

995-29-10/73353   Hopi
Large straight-sided wicker bowl
C: W.R. Wright
Plaited

995-29-10/73354   Hopi
Wicker wastebasket
C: W.R. Wright
Plaited

995-29-10/73355   Hopi
Miniature cradle board
C: W.R. Wright
Plaited

SOUTHWEST

995-29-10/73356 Hopi
Wicker plaque
C: W.R. Wright
Plaited

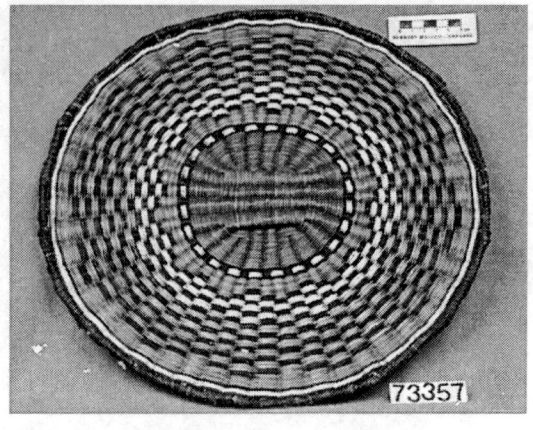

995-29-10/73357 Hopi
Circular wicker plaque
C: W.R. Wright
Plaited

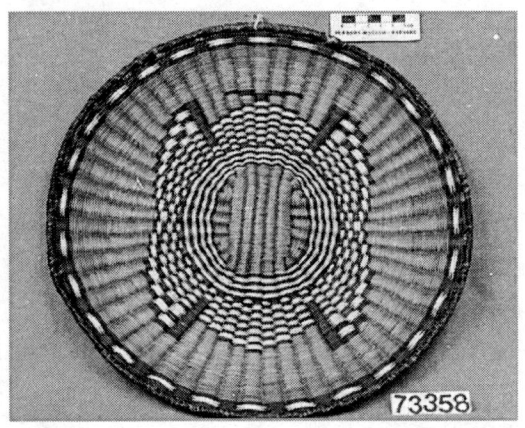

995-29-10/73358 Hopi
Circular wicker plaque
C: W.R. Wright
Plaited

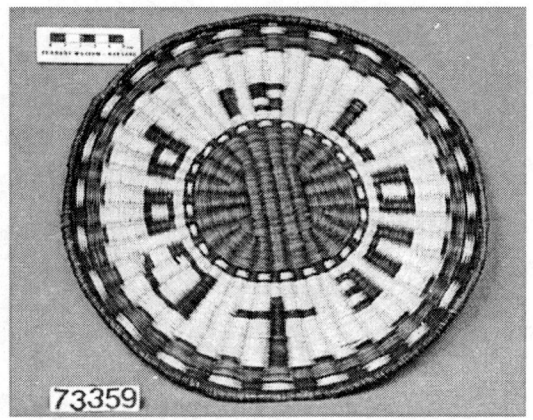

995-29-10/73359 Hopi
Circular wicker plaque
C: W.R. Wright
Plaited

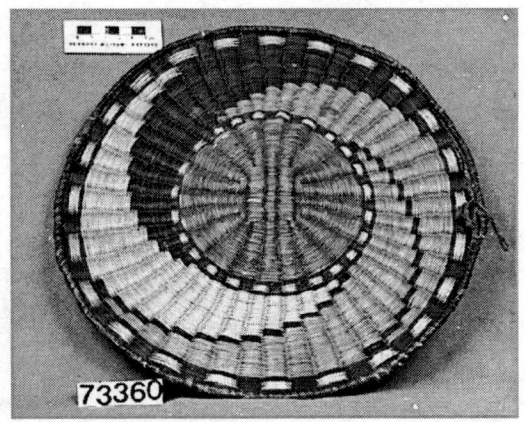

995-29-10/73360 Hopi
Circular wicker plaque
C: W.R. Wright
Plaited

995-29-10/73361 Hopi
Circular wicker plaque
C: W.R. Wright
Plaited

SOUTHWEST

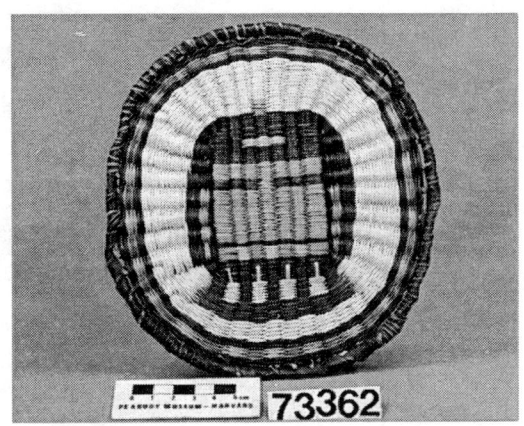

995-29-10/73362   Hopi
Oval wicker plaque
C: W.R. Wright
Plaited

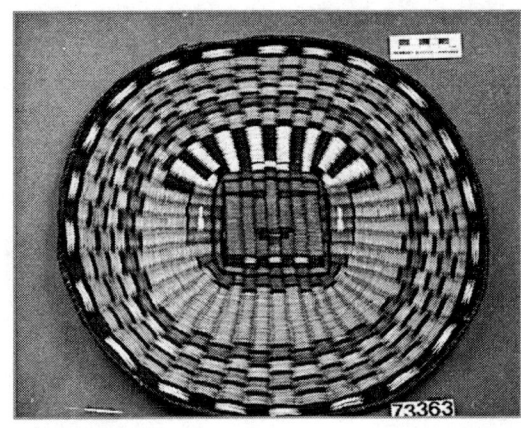

995-29-10/73363   Hopi
Circular wicker plaque
C: W.R. Wright
Plaited

995-29-10/73364   Hopi
Made by Gladys Nageneavma
Large olla basket
C: W.R. Wright
Coiled

995-29-10/73365   Hopi
Large olla basket
C: W.R. Wright
Coiled

995-29-10/73368   Hopi
Basket
C: W.R. Wright
Coiled

995-29-10/73369   Hopi
Small basket
C: W.R. Wright
Coiled

513

SOUTHWEST

995-29-10/73370   Hopi
Large mug with handle
C: W.R. Wright
Coiled

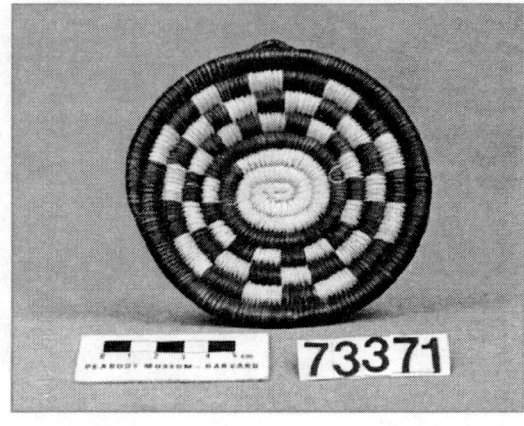

995-29-10/73371   Hopi
Circular plaque
C: W.R. Wright
Coiled

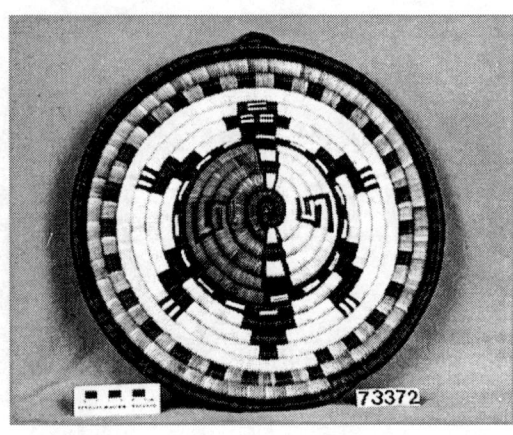

995-29-10/73372   Hopi
Circular plaque
C: W.R. Wright
Coiled

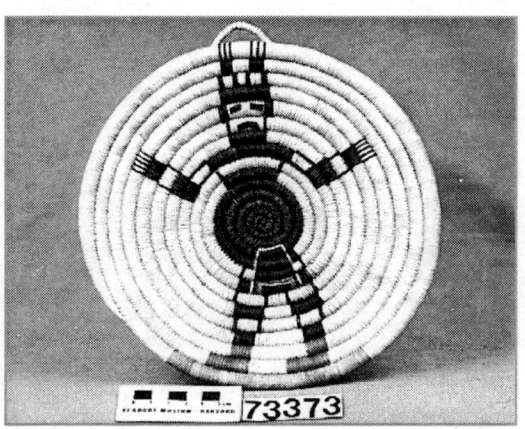

995-29-10/73373   Hopi
Circular plaque
C: W.R. Wright
Coiled

995-29-10/73374   Hopi
Circular plaque
C: W.R. Wright
Coiled

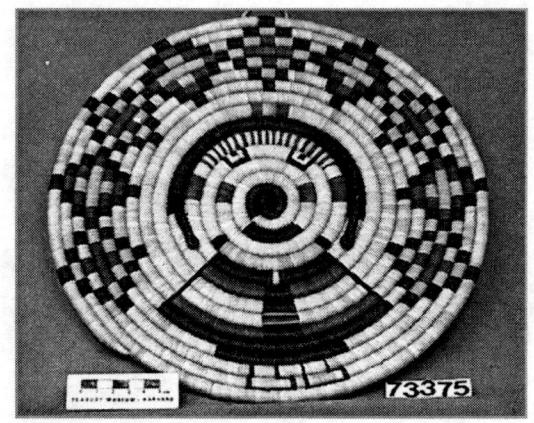

995-29-10/73375   Hopi
Circular plaque
C: W.R. Wright
Coiled

SOUTHWEST

995-29-10/73376 Hopi
Circular plaque
C: W.R. Wright
Coiled

995-29-10/73377 Hopi
Circular plaque
C: W.R. Wright
Coiled

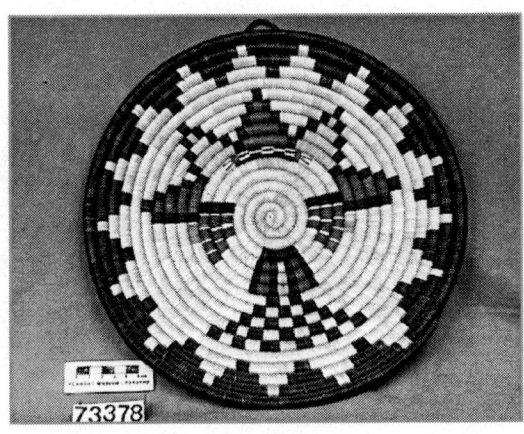

995-29-10/73378 Hopi
Circular plaque
C: W.R. Wright
Coiled

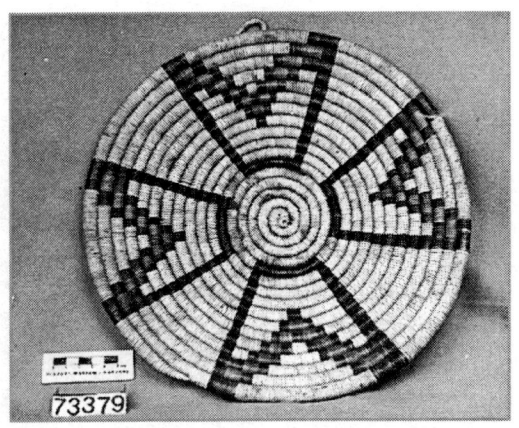

995-29-10/73379 Hopi
Circular plaque
C: W.R. Wright
Coiled

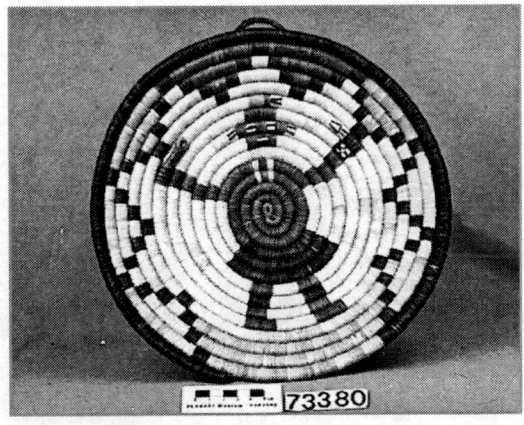

995-29-10/73380 Hopi
Made by Charlotte Joshuma
Circular plaque
C: W.R. Wright
Coiled

995-29-10/73381 Hopi
Circular plaque
C: W.R. Wright
Coiled

SOUTHWEST

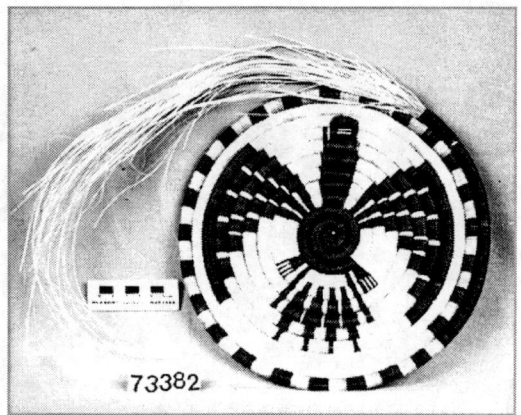

995-29-10/73382   Hopi
Unfinished circular plaque
C: W.R. Wright
Coiled

995-29-10/73383   Hopi
Unfinished circular plaque
C: W.R. Wright
Coiled

972-6-10/51579   Hopi, Second Mesa
Plaque or tray
C: D. Coolidge
Coiled, bundle foundation

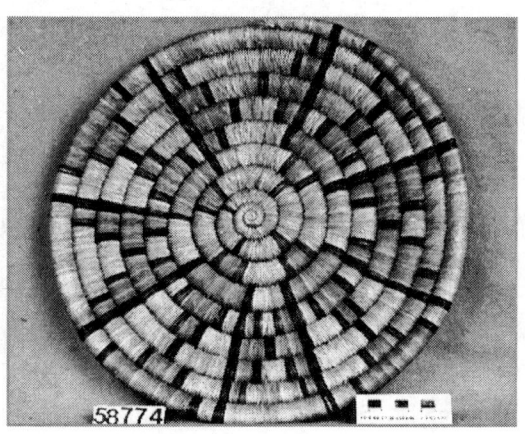

979-5-10/58774   Hopi, Second Mesa?
Basketry tray
C: Unknown
Coiled

985-27-10/59240   Hopi, Second Mesa
Basket plaque
C: W.H. Claflin
Coiled, bundle foundation

985-27-10/59241   Hopi, Second Mesa
Basket plaque
C: W.H. Claflin
Coiled, bundle foundation

SOUTHWEST

985-27-10/59242   Hopi, Second Mesa
Basket plaque
C: W.H. Claflin
Coiled, bundle foundation

985-27-10/59244   Hopi, Second Mesa
Basket plaque
C: W.H. Claflin
Coiled, bundle foundation

985-27-10/59245   Hopi, Second Mesa
Basket plaque
C: W.H. Claflin
Coiled, bundle foundation

987-27-10/71213   Hopi, Second Mesa
Deep, flared wall basket
C: Byron Harvey
Coiled, bundle foundation

997-20-10/74707   Hopi, Second Mesa
Cylindrical basket
C: Harriet C. Cushman
Coiled, bundle foundation, katsina mask motifs

997-20-10/74714   Hopi, Second Mesa
Small bowl with loop handles
C: Harriet C. Cushman
Coiled, bundle foundation, quadruped animal motifs

SOUTHWEST

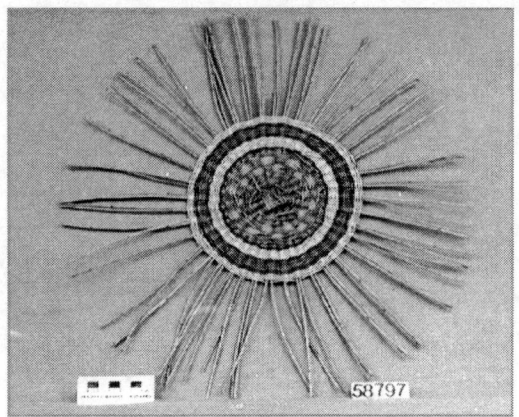

979-4-10/58797   Hopi, Third Mesa
Unfinished basket
C: T. Keam (Hemenway Expedition)
Plaited, wicker weave

985-27-10/59027   Hopi, Third Mesa
Wicker basketry plaque
C: W.H. Claflin
Plain plaited

985-7-10/58871   Hopi, Third Mesa
Small plaque or tray
C: J.S. Belmont and D. Winston, 1957–1974
Wicker plaited

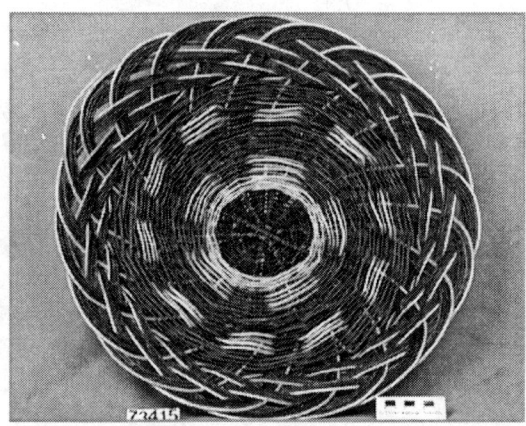

995-29-10/73415   Santo Domingo Pueblo
Willow bowl with scalloped rim
C: W.R. Wright
Plaited

985-27-10/59016   Zuni?
Pitch covered water bottle
C: W.H. Claflin
Coiled

995-29-10/73384   Navajo
Globular jar
C: W.R. Wright
Twined, pitched

SOUTHWEST

985-27-10/59019 Navajo
Basket tray
C: W.H. Claflin
2-rod coiled, bundle foundation

985-27-10/59035 Navajo
Wedding basket
C: W.H. Claflin
Coiled

985-27-10/59045 Navajo
Wedding basket
C: W.H. Claflin
Rod, coiled, bundle foundation

985-27-10/59187 Navajo
Shallow tray or wedding basket
C: W.H. Claflin
2-rod coiled, bundle foundation

985-27-10/59208 Navajo?
Shallow basketry bowl or tray
C: W.H. Claflin
Rod coiled, bundle foundation

985-27-10/59012 Navajo
Wedding basket
C: W.H. Claflin
Coiled

SOUTHWEST

995-29-10/73385   Navajo
Flared bowl
C: W.R. Wright
Coiled

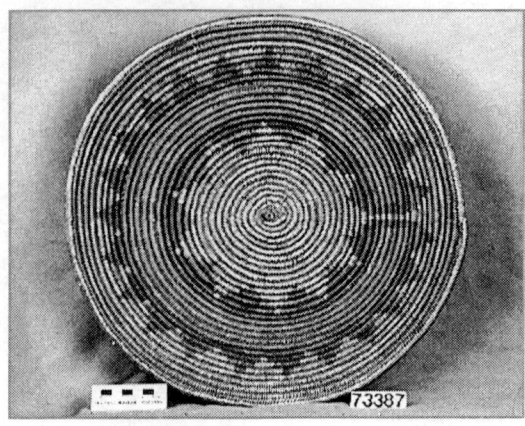

995-29-10/73387   Navajo
Flared ceremonial bowl
C: W.R. Wright
Coiled, 3-rod foundation

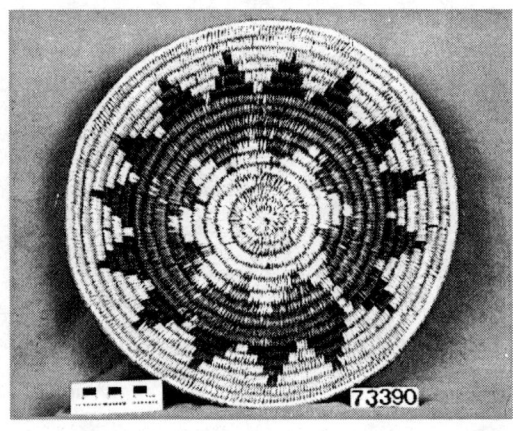

995-29-10/73390   Navajo
Flared ceremonial bowl
C: W.R. Wright
Coiled, 3-rod foundation

995-29-10/73391   Navajo
Flared ceremonial bowl
C: W.R. Wright
Coiled, 3-rod foundation

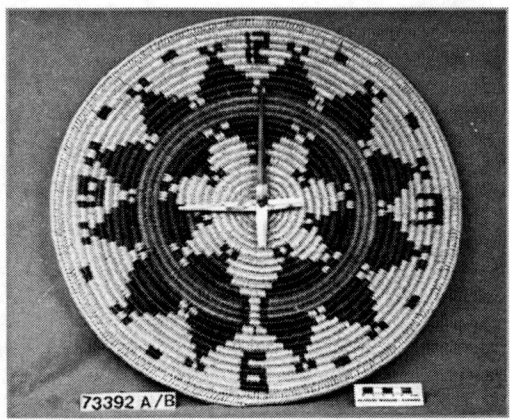

995-29-10/73392A/B   Navajo
Circular, flat plaque basketry clock
C: W.R. Wright
Coiled

995-29-10/73393   Navajo
Flared ceremonial tray
C: W.R. Wright
Coiled, 3-rod foundation

SOUTHWEST

985-27-10/59005   Navajo or Paiute
Wedding basket or tray
C: W.H. Claflin
Rod coiled, bundle foundation

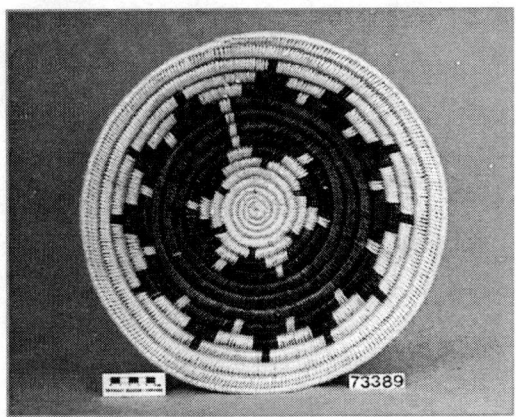

995-29-10/73389   Navajo or Paiute
Shallow, flared ceremonial bowl
C: W.R. Wright
Coiled, 3-rod foundation

985-27-10/59013   Navajo-Ute-Paiute
Wedding basket or shallow tray
C: W.H. Claflin
Coiled

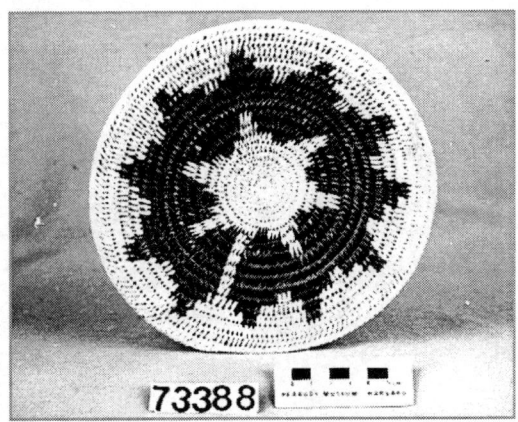

995-29-10/73388   Navajo/Apache
Flared ceremonial bowl
C: W.R. Wright
Coiled, 3-rod foundation

995-29-10/73386   Navajo/Paiute
Flared ceremonial bowl
C: W.R. Wright
Coiled, 3-rod construction

985-27-10/59011   Navajo/Ute/Paiute
Wedding basket
C: W.H. Claflin
Coiled

SOUTHWEST

985-27-10/59042   Paiute
Basketry water bottle
C: W.H. Claflin
Twined

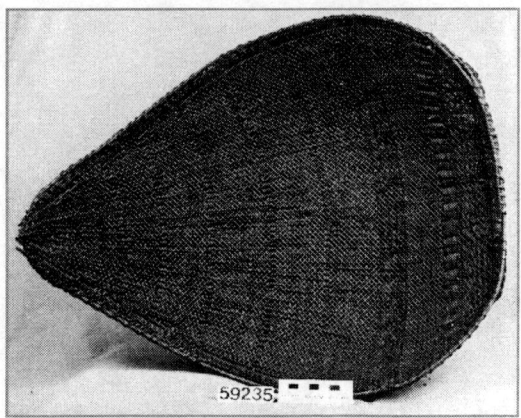

985-27-10/59235   Paiute?
Basketry winnowing tray
C: W.H. Claflin
Twined weave with coiled rim finish

985-27-10/59238   Paiute
Basketry jar
C: W.H. Claflin
Rod coiled

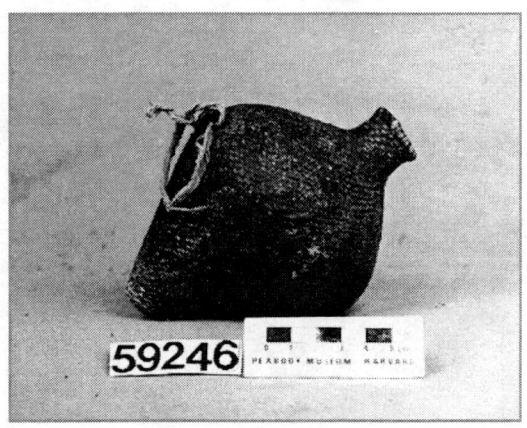

985-27-10/59246   Paiute
Water bottle
C: W.H. Claflin
Twined

985-27-10/59247   Paiute
Grain basket
C: W.H. Claflin
Twined

985-27-10/59248   Paiute
Basketry hat
C: W.H. Claflin
Twined

SOUTHWEST

985-27-10/59249   Paiute
Basketry hat
C: W.H. Claflin
Twined

985-27-10/59256   Paiute
Basketry hat
C: W.H. Clafin
Diagonal twined

995-29-10/73281   Paiute
Basketry jug with pointed bottom and spout
C: W.R. Wright
Twined

995-29-10/73282   Paiute
Willow burden basket
C: W.R. Wright
Twined

995-29-10/73283   Paiute
Globular, bowl-shaped, beaded trinket basket
C: W.R. Wright
Coiled

995-29-10/73284   Paiute
Globular, bowl-shaped, beaded trinket basket
C: W.R. Wright
Coiled

SOUTHWEST

985-27-10/59029   Paiute/Navajo
Wedding basket
C: W.H. Claflin
Coiled

985-27-10/59037   Apache
Basket storage jar
C: W.H. Claflin
Rod coiled

985-27-10/59041   Apache
Storage jar
C: W.H. Claflin
3-rod coiled

985-27-10/59239   Apache?
Basketry water jar
C: W.H. Claflin
Diagonal twined with false braid rim finish, pitched

985-27-10/59258   Apache
Basketry olla, interior and exterior pitch covering
C: W.H. Claflin
Twined

995-29-10/73394   Apache
Burden basket with leather fringe and tin twinklers
C: W.R. Wright
Twined

SOUTHWEST

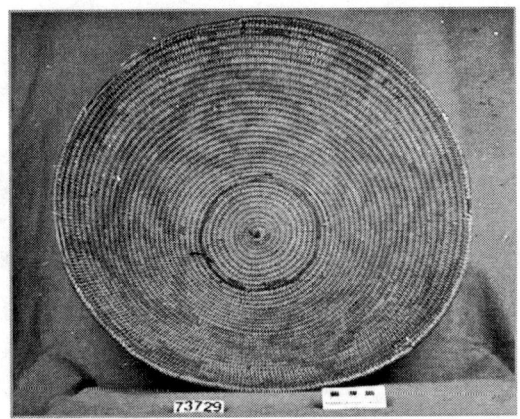

08-4-10/73729   Jicarilla Apache
Basket tray
C: Lewis Farlow through Grace Nicholson
Coiled

985-27-10/59014   Jicarilla Apache
Basketry bowl
C: W.H. Claflin
3-rod coiled

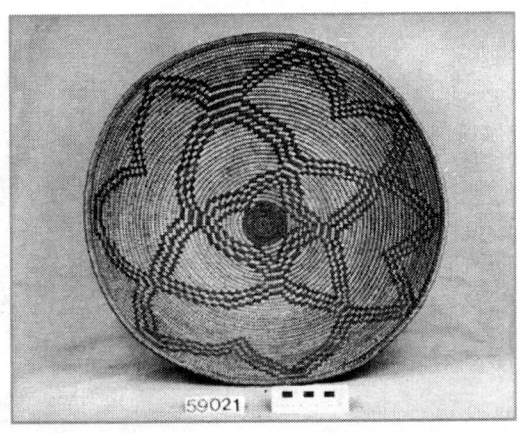

985-27-10/59021   Jicarilla? Apache
Basket
C: W.H. Claflin
3-rod coiled

985-27-10/59025   Jicarilla Apache
Bowl-shaped basket
C: W.H. Claflin
3-rod coiled

995-29-10/73397   Jicarilla Apache
Large flared bowl
C: W.R. Wright
Coiled

995-29-10/73398   Jicarilla Apache
Bowl with scalloped rim
C: W.R. Wright
Coiled, 5-rod foundation

SOUTHWEST

995-29-10/73399 Jicarilla Apache
Fishing creel with hinged lid
C: W.R. Wright
Coiled, 5-rod foundation

995-29-10/73400 Jicarilla Apache
Flared bowl
C: W.R. Wright
Coiled, 5-rod foundation

995-29-10/73401 Jicarilla Apache
Flared bowl
C: W.R. Wright
Coiled, 5-rod foundation

995-29-10/73402 Jicarilla Apache
Globular olla
C: W.R. Wright
Coiled

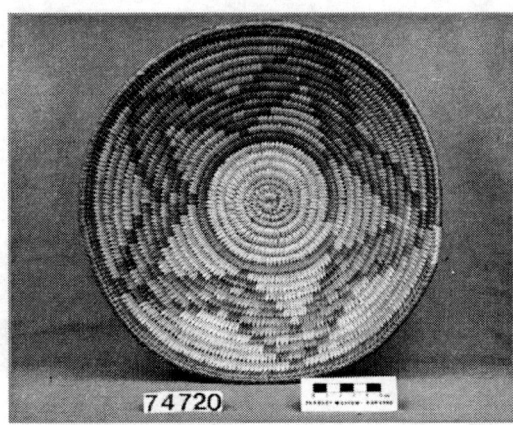

997-20-10/74720 Jicarilla Apache
Shallow, flared bowl
C: Harriet C. Cushman
3-rod coiled with 5-pointed aniline dye star motif, false braid rim

985-27-10/59015 Mescalero Apache
Burden basket
C: W.H. Claflin
Diagonal twined

SOUTHWEST

985-27-10/59022   Mescalero Apache
Shallow bowl or tray-shaped basket
C: W.H. Claflin
2- rod and bundle coiled

985-27-10/59039   Apache (Mescalero?)
Basket jar
C: W.H. Claflin
Rod coiled

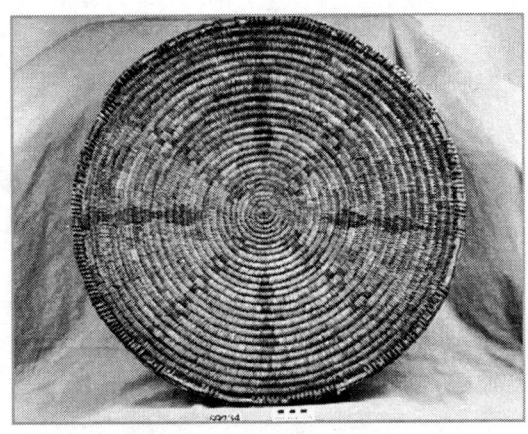

985-27-10/59234   Mescalero Apache
Dice basket
C: W.H. Claflin
2-rod coiled, bundle foundation, interlocking stitches

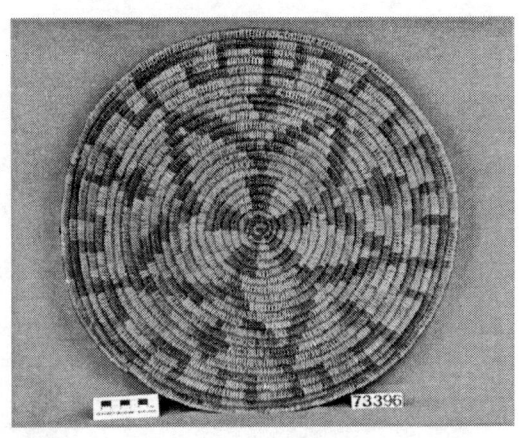

995-29-10/73396   Mescalero Apache
Plaque
C: W.R. Wright
Coiled, 3-rod foundation

985-27-10/59003   Western Apache
Olla shaped basket
C: W.H. Claflin
3-rod coiled

985-27-10/59004   Western Apache
Basket bowl
C: W.H. Claflin
3-rod coiled

SOUTHWEST

985-27-10/59008   Western Apache
Olla shaped basket
C: W.H. Claflin
3-rod coiled

985-27-10/59009   Western Apache
Olla shaped basket
C: W.H. Claflin
3-rod coiled

985-27-10/59023   Western Apache
Shallow, flared bowl or tray-shaped basket
C: W.H. Claflin
3-rod coiled

985-27-10/59033   Western Apache
Shallow basketry bowl or tray
C: W.H. Claflin
3-rod coiled

985-27-10/59036   Western Apache
Circular shallow basketry bowl or tray
C: W.H. Claflin
3-rod coiled

995-29-10/73395   Western Apache
Burden basket with leather fringe
C: W.R. Wright
Diagonal twined

SOUTHWEST

995-29-10/73403　Western Apache
Olla
C: W.R. Wright
Coiled

995-29-10/73404　Western Apache
Circular plaque
C: W.R. Wright
Coiled

995-29-10/73405　Western Apache
Circular bowl
C: W.R. Wright
Coiled

995-29-10/73406　Western Apache
Circular bowl
C: W.R. Wright
Coiled

995-29-10/73407　Western Apache
Flared bowl
C: W.R. Wright
Coiled

995-29-10/73408　Western Apache
Circular tray
C: W.R. Wright
Coiled

SOUTHWEST

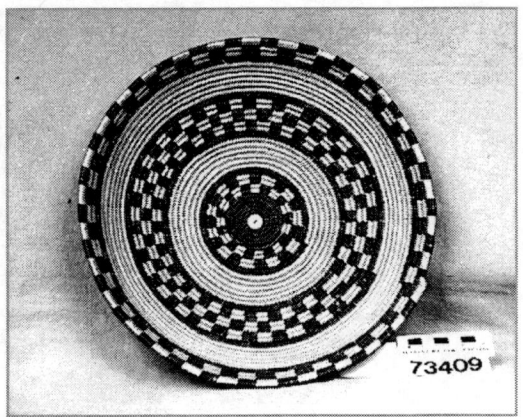

995-29-10/73409 Western Apache
Flared bowl
C: W.R. Wright
Coiled

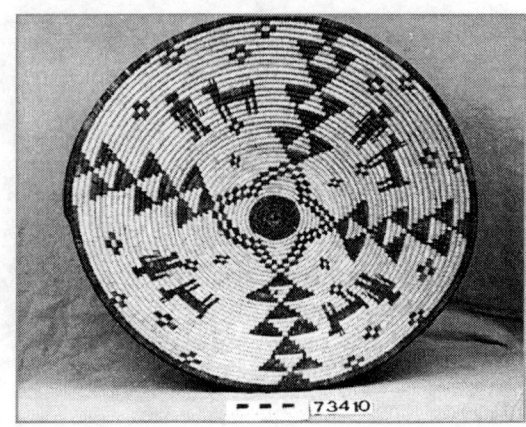

995-29-10/73410 Western Apache
Flared bowl
C: W.R. Wright
Coiled

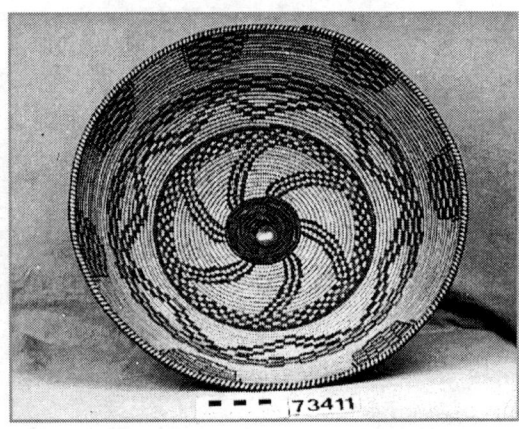

995-29-10/73411 Western Apache
Circular bowl
C: W.R. Wright
Coiled

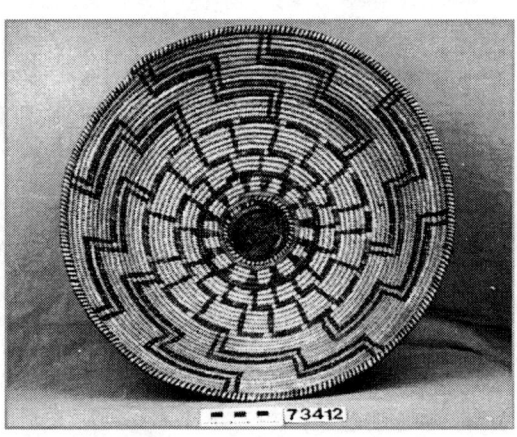

995-29-10/73412 Western Apache
Flared, circular bowl
C: W.R. Wright
Coiled

995-29-10/73413 Western Apache
Flared, circular bowl
C: W.R. Wright
Coiled

995-29-10/73414 Western Apache
Flared, circular bowl
C: W.R. Wright
Coiled

PLAINS

985-27-10/59334   Kiowa
Gambling basket
C: W.H. Claflin
Rod coiled

SOUTHEAST

30-9-10/98480   Southeast?
Small basket with handle
C: Mrs. Wm. Whitman through Grace Nicholson
Plain plaited, wicker weave

24-16-10/98006A/B   Georgia
Basket of pine needles
C: Estate of Mrs. F.H. Pattee
Coiled, bundle foundation, widely spaced stitches

980-11-10/58803   Sapelo Island, Georgia
Rice fanning basket
C: Stephen Williams
Coiled, widely spaced stitches, bundle foundation

30-9-10/98481   Cherokee?
Small carrying basket with wood splint handle
C: Mrs. Wm. Whitman through Grace Nicholson
Plaited, wicker weave

30-9-10/98482   Cherokee?
Basket with handle
C: Mrs. Wm. Whitman through Grace Nicholson
Plain plaited, wicker weave

995-29-10/73159   Cherokee
Made by Lucy N. George
Olla-shaped wastebasket
C: W.R. Wright
Wicker and plain plaited

SOUTHEAST

995-29-10/73161 Cherokee
Made by Martha C. Lassiah
Wood-splint pedestal basket with handles
C: W.R. Wright   Plaited, decorative dying
and manipulation of structural elements

995-29-10/73162 Cherokee
Made by Martha C. Lassiah
Wood-splint pedestal basket with handles
C: W.R. Wright   Plaited, decorative dying
and manipulation of structural elements

995-29-10/73163 Cherokee
Cane basket with handle
C: W.R. Wright
Plaited

995-29-10/73164 Cherokee
Miniature carrying basket with handle
C: W.R. Wright
Plaited, 1/1 interlaced

995-29-10/73165 Cherokee
Miniature carrying basket with handle
C: W.R. Wright
Plaited, 1/1 interlaced

995-29-10/73166 Cherokee
Miniature carrying basket with handle
C: W.R. Wright
Plaited, 1/1 interlaced

SOUTHEAST

995-29-10/73167A/B   Cherokee
Made by Rebecca Reed
Globular "button basket" with lid
C: W.R. Wright
Plaited, 1/1 interlaced

995-29-10/73168   Cherokee
Miniature wood-splint carrying basket with handle
C: W.R. Wright
Plaited, 1/1 interlaced

995-29-10/73169A/B   Cherokee
Made by Ollie Hornbuckle
Globular sewing basket with lid
C: W.R. Wright
Plaited, 1/1 interlaced

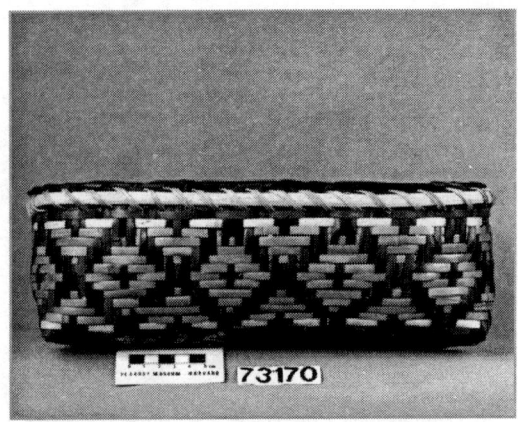

995-29-10/73170   Cherokee
Wood-splint rectangular basket
C: W.R. Wright
Twill-plaited

995-29-10/73171   Cherokee
Made by Agnes Welch
Wood-splint waste basket
C: W.R. Wright
Plaited, 1/1 interlaced

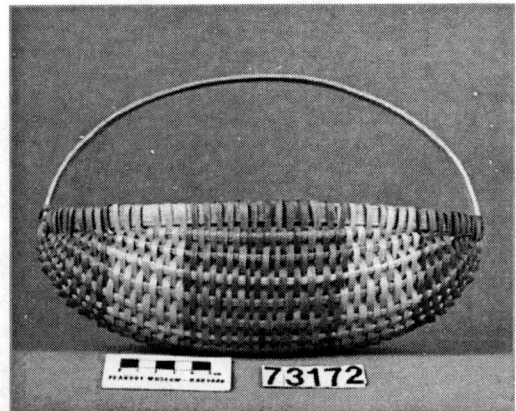

995-29-10/73172   Cherokee
Made by Rachel Taylor
Oval fruit basket with handle
C: W.R. Wright
Plaited, 1/1 interlaced

SOUTHEAST

995-29-10/73173 Seminole
Made by Ruth Poncho
Shallow bowl-shaped basket
C: W.R. Wright   Coiled, bundle foundation, widely spaced decorative dyed thread stitching

995-29-10/73174A/B   Seminole
Shallow, bowl-shaped basket with lid. Head of doll with beaded necklace attached to lid
C: W.R. Wright   Coiled, bundle foundation, widely spaced decorative dyed thread stitching

996-30-10/74730   Seminole / Miccosukee, Brighton Reservation
Small basket with projecting handles
C: Kathleen Skelly   Bundle coiled long pine needles with colored thread stitching

987-25-10/73051   Chitimacha
Small cylindrical basket
C: through I.W. Brown
Double-twill plaited

2002.21.1   Chitimacha
Made by John Paul Darden, 2002
Heart-shaped basket with hanging loop
Museum purchase
Alligator Entrails design *(Nexjuwa Qaki)*

2002.21.2   Chitimacha
Made by Scarlett Darden, 2002
Small basket
Museum purchase
X pattern with Bull's Eye design *(Waxtik Kani)*

SOUTHEAST

2002.21.3　　　　　Chitimacha
Made by Scarlett Darden, 2002
Basket tray
Museum purchase
Muscadine design (Gusbi Sugu)

2004.17.1　　　　　Chitimacha
Made by Melissa Darden, 2001–2004
Covered basket
Museum purchase
Double weave, Carba Black Bird's Eye design

2004.17.2　　　　　Chitimacha
Made by Derek Brown, 2003–2004
Tray
Museum purchase
Single weave, Black Bird's Eye design

993-20-10/71126　　Choctaw
Miniature cane basket with handle
C: R. Bryan
Twill plaited weave

993-20-10/71127　　Choctaw
Small basket
C: R. Bryan
Double-weave, twill plaited

993-20-10/71128　　Choctaw
Small basket
C: R. Bryan
Double-weave, twill plaited

SOUTHEAST

993-20-10/71129 Choctaw
Cane basket
C: R. Bryan
Twill plaited weave

993-20-10/71148 Choctaw
Made by Francine Alex
Tall sided basket
C: R.Bryan
Double-weave, plaited

993-20-10/71149 Choctaw
Made by Francine Alex
Tall sided basket
C: R. Bryan
Double-weave, twill plaited weave

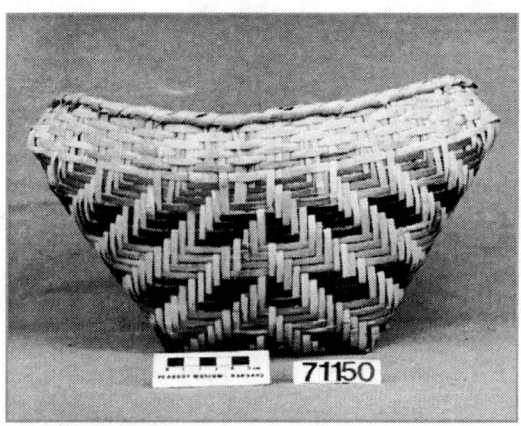

993-20-10/71150 Choctaw
Made by Malie Smith
"Cow nose" basket
C: R. Bryan
Twill plaited weave

993-20-10/71151 Choctaw
Old egg basket with new handle
C: R. Bryan
Plain plaited

993-20-10/71152 Choctaw
Made by Elsie Gerson
Large pitcher-shaped basket
C: R. Bryan
Plaited

SOUTHEAST

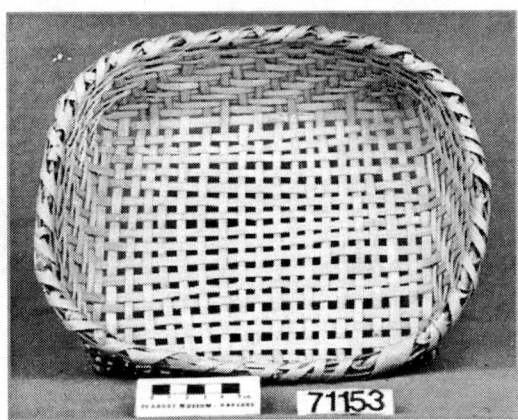

993-20-10/71153   Choctaw
Made by Zolla Chito
Basket sieve
C: R. Bryan
Twill and plain plaited

993-20-10/71154   Choctaw
Made by Odien Anderson Conhalto
Shallow basketry tray with two handles
C: R. Bryan
Twill and plain plaited

993-20-10/71125   Choctaw
Miniature cane basket with handle
C: R. Bryan
Twill plaited weave

993-20-10/71141A/B   Coushatta
Made by Rene Middle
Pine needle basket and cover
C: R. Bryan   Coiled, bundle foundation, widely spaced decorative split stitches

993-20-10/71142A/B   Coushatta
Made by Lorene Langley
Turtle-shaped basket and cover
C: R. Bryan   Coiled, bundle foundation, widely spaced stitches, pine cone pieces

995-29-10/73175   Koasati (Coushatta)
Miniature oval basketry cradleboard
C: W.R. Wright
Coiled, bundle foundation, pine needles, widely spaced stitching

SOUTHEAST

995-29-10/73176A/B Koasati (Coushatta)
Made by Rosebel Sylestern (Sylestini?)
Pine needle basket with lid C: W.R. Wright
Coiled, bundle foundation, widely spaced
stitching, attached dyed fiber floral ornament

995-29-10/73177A/B Koasati (Coushatta)
Made by Della Sylestern (Sylestini?)
Turtle-shaped pine needle basket with lid
C: W.R. Wright Coiled, bundle foundation,
widely spaced stitching, embroidered

995-29-10/73178A/B Koasati (Coushatta)
Made by Florence Robinson
Turkey-shaped pine needle basket with lid
C: W.R. Wright Coiled, bundle foundation,
widely spaced stitching, embroidered

995-29-10/73179A/B Koasati (Coushatta)
Made by Ruth Poncho
Squirrel-shaped pine needle basket with lid
C: W.R. Wright
Coiled, bundled foundation, embroidered

NORTHEAST

995-29-10/73180A/B Algonquian
Globular "strawberry" basket with lid
C: W.R. Wright
Plaited, 1/1 interlaced

995-29-10/73181A/B Algonquian
Made by Zack Brown Bear?
Globular "strawberry" basket with lid
C: W.R. Wright
Plaited, 1/1 interlaced

995-29-10/73182A/B Algonquian-style
Globular "strawberry" basket with lid
C: W.R. Wright
Plaited, 1/1 interlaced

995-29-10/73183A/B Algonquian-style
Globular "strawberry" basket with lid
C: W.R. Wright
Plaited, 1/1 interlaced

995-29-10/73185A/B Northern Algonquian
Round, straight-sided basket with lid
C: W.R. Wright
Plaited, 1/1 interlaced

995-29-10/73186AB Northern Algonquian
Round, straight-sided basket with lid
C: W.R. Wright
Plaited, 1/1 interlaced

NORTHEAST

995-29-10/73416   Eastern Algonquian
Wood-splint square bowl
C: W.R. Wright
Plaited

984-20-10/59609   Passamaquoddy
Miniature cradle
C: B. Harvey
Plain plaited, wood splint, ornamental dyed splint protruding curls

986-14-10/60041A/B   Passamaquoddy
Ash splint basket with lid
C: B. Harvey, 1984
Plaited, ornamental braided cordage on rim

986-14-10/60048   Passamaquoddy?
Ash splint cradle
C: B. Harvey, 1985
Plain plaited, dyed red and green looping ornaments, wooden reinforcing rod at rim

987-15-10/60622   Micmac
Splint and sweet grass basket
C: J. Henderson, 1987
Plain plaited wood splint, sweet grass woven in. Splint protruding curls.

995-29-10/73184   Penobscot
Straight-sided basket, made over a glass jar
C: W.R. Wright
Plaited, 1/1 interlaced

995-29-10/73193   Ojibwa
Cup-shaped basket with attached saucer
C: W.R. Wright
Coiled

2003.13.1   Mohawk
Purse with woven embellishment and straps
C: Ann Pecora Diamond
Plaited

2003.13.12   Mohawk
Knitting basket with cover and strap
C: Ann Pecora Diamond
Plaited

NORTH AMERICA GENERAL

969-2-10/49958 Eastern North America
Small shallow circular basket
C: S. Williams
Coiled, twined

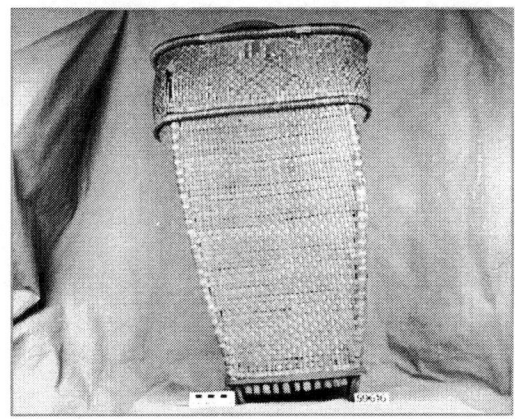

984-20-10/59616 Eastern North America
Basketry cradle? or burden basket?
C: B. Harvey
Woodsplint, primarily plain plaited, one band of twill plaiting

03-1-10/62731 North America?
Covered basket
C: Lewis H. Farlow
Coiled with repetitive decorative wrapped stitch elements

24-16-10/98008A/B North America
Basket with lid
C: Estate of Mrs. F.H. Pattee
Coiled

24-16-10/98008C North America
Basket
C: Estate of Mrs. F.H. Pattee
Coiled

995-29-10/73418 Western North America
Plaque with fabric backing
C: W.R. Wright
Twined

INDEX

Arranged numerically by Peabody Museum Catalogue Number

Accession	Cat. No.	Page	Accession	Cat. No.	Page
2001.27	1	477e	33-30-10/	1394	440e
2002.21	1	536e	33-36-10/	1397	273e
2003.13	1	543b	33-59-10/	1403	55b
2003.24	1	481e	69-30-10/	2129	66d
2004.17	1	537b	69-30-10/	2130	39a
2004.31	1	481f	69-30-10/	2131	39c
2002.21	2	536f	69-30-10/	2132	65c
2004.17	2	537c	69-30-10/	2134	39b
38-52-10/	3	454f	69-30-10/	2137	58d
2000.23	3.1, 2	476f	69-30-10/	2138	59f
2002.21	3	537a	69-30-10/	2145	70d
2003.13	12	543c	69-30-10/	2146	70e
2000.23	19	510c	69-30-10/	2148	70f
2000.23	20	510d	69-30-10/	2149	71a
32-16-10/	21	329c	69-30-10/	2150	71b
32-18-10/	22	449a	69-30-10/	2152	71c
32-18-10/	23	449b	69-30-10/	2154	71d
32-18-10/	24	449c	69-30-10/	2156	51b
32-18-10/	25	449d	69-30-10/	2158	71e
32-18-10/	26	449e	69-30-10/	2160	54f
32-18-10/	27	449f	69-30-10/	2161	41a
32-18-10/	28	450a	69-30-10/	2162	38a
32-18-10/	29	450b	69-30-10/	2163	43a
32-18-10/	30	450c	69-30-10/	2164	41c
32-18-10/	31	450d	69-30-10/	2165	42b
32-18-10/	32	450e	69-30-10/	2166	43c
2000.18	48	509e	34-24-10/	3692	310c
32-26-10/	49	114c	34-24-10/	3693	312c
2000.18	49	509f	34-24-10/	3694	311b
32-26-10/	50	114d	34-24-10/	3696	310d
2000.18	50	510a	34-24-10/	3697	310a
32-27-10/	51	49a	34-24-10/	3724	311d
2000.18	51	510b	34-24-10/	3725	311c
32-27-10/	52	167b	34-24-10/	3746	312d
32-27-10/	53	423f	34-24-10/	3747	310e
32-54-10/	151	39f	34-24-10/	3748	310f
32-54-10/	152	64d	34-24-10/	3749	311a
32-54-10/	153	64e	34-118-10/	3781	61e
32-54-10/	154	116a	34-118-10/	3782	58e
32-54-10/	155	115a	34-118-10/	3784	55a
32-54-10/	156	92f	34-118-10/	3785	49d
32-54-10/	158	214c	34-118-10/	3786	63d
32-54-10/	159	216a	34-118-10/	3787	84b
32-54-10/	161a	230e	34-118-10/	3788	267b
32-54-10/	161b	232f	34-118-10/	3789	233a
32-54-10/	162	265d	34-118-10/	3790	215a
32-54-10/	163	267f	34-118-10/	3791	228a
32-54-10/	164	335d	34-118-10/	3792	225d
32-54-10/	165	341a	34-118-10/	3793	225f
32-54-10/	166	378a	34-118-10/	3794	229a
32-54-10/	167	442d	34-118-10/	3795	226e
32-54-10/	168	448f	34-118-10/	3796	223e
32-54-10/	171	272d	34-118-10/	3797	224f
32-54-10/	172	272b	34-118-10/	3798	225b
32-54-10/	173	270d	34-118-10/	3799	149b
32-54-10/	174	270e	34-118-10/	3800	152f
32-54-10/	175	274b	34-118-10/	3801	146e
32-54-10/	176	269f	34-118-10/	3802	147a
32-54-10/	177	274f	34-118-10/	3803	115c
32-54-10/	178	364c	34-118-10/	3804	114b
67-9-10/	203	68d	34-118-10/	3805	339e
67-10-10/	268	91c	34-118-10/	3806	340a
67-10-10/	268a	91d	34-118-10/	3807	340b
67-10-10/	270	37c	34-24-10/	3814	310b
67-10-10/	329	90b	34-114-10/	3902	296b
67-10-10/	428	37b	34-114-10/	3903	296d
69-20-10/	1264	73d	34-114-10/	3904	295e
33-13-10/	1379	456b	34-114-10/	3905	295f

Accession	Cat. No.	Page
34-114-10/	3906	296c
34-114-10/	3911	297c
34-114-10/	3913	298f
34-114-10/	3914	301f
34-114-10/	3918	300a
34-114-10/	3919	298e
34-114-10/	3920	296e
34-114-10/	3925	299d
34-114-10/	3929	299f
34-114-10/	3932	300e
34-114-10/	3935	296a
34-114-10/	3937	300f
34-114-10/	3938	297d
34-114-10/	3939	297e
34-114-10/	3940	297f
34-114-10/	3942	300d
34-114-10/	3946	298a
34-114-10/	3947	300b
34-114-10/	3949	300c
34-114-10/	3953	299c
34-114-10/	3954	299a
34-114-10/	3955	299b
34-114-10/	3960	298b
34-114-10/	3974	298d
04-146-10/	4328	156f
34-154-10/	4354	90d
35-15-10/	4448	91b
35-69-10	4512	88a
35-108-10/	4984	329d
35-108-10/	4985	329e
35-78-10/	4987	315a
35-78-10/	4988	315b
35-78-10/	4989	315c
35-78-10/	4993	313d
35-78-10/	4994	314d
35-78-10/	5001	315e
35-78-10/	5002	315d
35-78-10/	5003	318a
35-78-10/	5005	314a
35-78-10/	5010	313a
35-78-10/	5011	314c
35-78-10/	5012	314b
35-78-10/	5013	313c
35-78-10/	5014	314e
35-78-10/	5025	312e
35-78-10/	5026	312f
35-109-10/	5152	399e
35-120-10/	5165	297b
35-120-10/	5167	302a
35-120-10/	5171	298c
35-120-10/	5186	296f
35-120-10/	5187	297a
36-9-10/	5238	409c
34-118-10/	5239	63b
36-88-10/	6226	196b
36-74-10/	6561	389a
37-40-10/	6638	218b
37-40-10/	6651b	337d
37-40-10/	6651a	338a
37-40-10/	6652	337a
37-40-10/	6653	343c
72-20-10/	6861	146c
75-11-10/	8290a	465c
75-11-10/	8290b	465d
75-11-10/	8290c	465e
75-11-10/	8290	466a
37-43-10/	9254	143b
37-50-10/	9261	154e
37-50-10/	9262	153c
37-50-10/	9263	157c
37-50-30/	9264	158d
37-50-10/	9265	156a
37-50-10/	9266	156c
37-50-10/	9267	155e
37-50-30/	9268	158c
37-50-10/	9269	153b
37-50-10/	9270	149c
37-50-10/	9271	145f
37-50-10/	9272	146a
37-50-10/	9273	146f
37-50-10/	9274	147d
37-50-10/	9275	147c
37-50-10/	9275	150d
37-50-10/	9275	150f
37-50-10/	9276	150e
37-50-10/	9276	147c
37-50-10/	9277	151b
37-50-10/	9278	144d
37-50-10/	9279	150a
37-50-10/	9280	144b
37-50-10/	9281	145c
37-50-10/	9282	148b
37-64-10/	9291	346d
76-20-10/	9409	304d
76-20-10/	9424	304e
76-20-10/	9438	307e
76-20-10/	9446	306e
37-96-10/	9508	395e
37-96-10/	9509	395c
37-96-10/	9510	400a
37-96-10/	9511	397f
37-96-10/	9512	395a
37-96-10/	9513	405a
37-96-10/	9514	396e
37-96-10/	9515	402e
37-96-10/	9516	403e
37-96-10/	9517	401a
37-96-10/	9518	398d
37-96-10/	9519	397a
37-96-10/	9520	401b
37-96-10/	9521	398a
37-96-10/	9522	396d
37-96-10/	9525	367c
37-96-10/	9526	359d
37-96-10/	9529	425c
37-96-10/	9530	408a
37-96-10/	9531	424c
37-96-10/	9532	425b
37-96-10/	9533	389b
37-96-10/	9537	421e
37-96-10/	9538	425a
37-97-10/	9542	360b
37-97-10/	9543	339a
37-97-10/	9544	332d
37-97-10/	9545	339d
37-97-10/	9546	338b
37-97-10/	9547	291f
37-97-10/	9548	301b
37-97-10/	9549	130c
37-97-10/	9550	129d
37-97-10/	9551	129e
37-97-10/	9552	129f
37-97-10/	9553	130a
37-97-10/	9554	130e
37-97-10/	9555	141b
37-97-10/	9556	168e
37-97-10/	9557	190d
37-97-10/	9558	152d
37-97-10/	9559	157d
37-97-10/	9560	154f
37-97-10/	9561	177d
37-97-10/	9562	201e
37-97-10/	9563	198a
37-97-10/	9564	218e
37-97-10/	9565	209f
37-97-10/	9566	236a

Accession	Cat. No.	Page
37-97-10/	9567	211b
37-97-10/	9568	317c
37-97-10/	9569	287b
37-97-10/	9570	46f
37-97-10/	9571	82f
37-97-10/	9572	56b
37-97-10/	9573	47b
37-97-10/	9574	84e
37-97-10/	9575	48b
37-113-10/	9652	323d
37-113-10.	9680	176c
37-118-10/	9681	80b
38-17-10/	9729	85e
38-17-10/	9730	85f
77-23-10/	12113	305c
77-23-10/	12114	304f
77-23-10/	12115	305b
77-23-10/	12116	309c
77-23-10/	12117	303e
77-23-10/	12118	308d
77-23-10/	12119	306f
77-23-10/	12120	307b
77-23-10/	12121a	307c
77-23-10/	12121b	307d
77-23-10/	12122	308a
77-23-10/	12123	307a
77-23-10/	12124	307f
77-23-10/	12150	304a
77-23-10/	12276	309f
38-52-10/	12684	454d
38-52-10/	12685	455a
38-52-10/	12686	453b
38-52-10/	12687	453e
38-52-10/	12688	454c
38-52-10/	12689	454a
38-52-10/	12690	453d
38-52-10/	12692	293a
38-52-10/	12693	336a
38-52-10/	12695	320f
38-52-10/	12696	323c
38-52-10/	12697	340f
38-52-10/	12698	147b
38-52-10/	12699	211d
38-52-10/	12701	175e
38-52-10/	12702	175f
38-52-10/	12703	173f
38-52-10/	12704	174b
38-52-10/	12705	188a
38-52-10/	12706	204d
38-52-10/	12707	171c
38-52-10/	12708	244e
38-52-10/	12709	211e
38-52-10/	12710	210e
38-52-10/	12711	127c
38-52-10/	12712	173d
38-52-10/	12713	118a
38-52-10/	12714	119e
38-52-10/	12715	79f
38-52-10/	12717	57f
38-52-10/	12718	46a
38-52-10/	12719	64b
38-52-10/	12720	48c
38-52-10/	12722	15e
38-52-10/	12723	87d
38-44-10/	12744	466e
38-44-10/	12866	342f
38-44-10/	12870	229e
38-56-10/	12971	105a
78-40-10/	14909a	283f
78-40-10/	14909b	284a
78-40-10/	14909c	284b
78-40-10/	14909d	284c
78-40-10/	14910	281d
78-40-10/	14911	282a
78-40-10/	14911	283e
78-40-10/	14912b	280e
78-40-10/	14912a	281e
78-40-10/	14912c	281f
78-40-10/	14913a	284d
78-40-10/	14913b	284e
78-40-10/	14913c	284f
78-40-10/	14913d	285a
78-40-10/	14914b	280a
78-40-10/	14914	280c
78-40-10/	14914c	281a
78-40-10/	14915	280d
78-40-10/	14916	270a
78-40-10/	14917	280b
78-40-10/	14917a	282b
78-40-10/	14918	271e
78-40-10/	14919b	280f
78-40-10/	14919	282c
78-40-10/	14919a	282d
78-40-10/	14920	279f
78-40-10/	14921	279e
78-40-10/	14922	274e
78-40-10/	14923b	285f
78-40-10/	14923a	286a
78-40-10/	14924	285d
78-40-10/	14926	285e
78-40-10/	14927	287d
78-40-10/	14933	279c
78-50-10/	15380	102e
02-14-10/	16948	90e
39-12-10/	18162	109e
39-12-10/	18163	85c
39-12-10/	18164	63f
39-12-10/	18165	131f
39-12-10/	18166	128f
39-12-10/	18167	167a
39-12-10/	18168	448a
39-12-10/	18169	447d
39-36-10/	18415	459f
39-36-10/	18420	292a
39-36-10/	18421	396c
39-36-10/	18422	262d
39-36-10/	18424	169c
39-36-10/	18425	283a
39-36-10/	18426	83e
39-36-10/	18427	78f
39-36-10/	18428	93e
39-36-10/	18429	112c
39-36-10/	18430	110d
39-61-10/	18537	344d
39-61-10/	18539	82d
39-61-10/	18540	85d
39-61-10/	18542	164f
39-61-10/	18543	156b
39-61-10/	18544	144e
39-61-10/	18545	144f
39-61-10/	18546	206c
39-61-10/	18547	206e
39-61-10/	18548	212c
39-61-10/	18549	220e
39-61-10/	18550	221a
39-61-10/	18551	219b
39-61-10/	18552	220b
39-61-10/	18553	220c
39-61-10/	18554	221c
39-61-10/	18555	219c
39-61-10/	18556	220d
39-61-10/	18557	221d
39-61-10/	18558	221e
39-61-10/	18559	219a
39-61-10/	18560	217d
39-61-10/	18561	217e

Accession	Cat. No.	Page
39-61-10/	18562	221f
39-61-10/	18563	218c
39-61-10/	18564	234c
39-61-10/	18565	234d
39-61-10/	18566	234e
39-61-10/	18567	234f
39-61-10/	18568	234a
39-61-10/	18569	234b
39-61-10/	18570a	233c
39-61-10/	18570b	233d
39-61-10/	18570c	233e
39-61-10/	18570d	233f
39-61-10/	18571	223c
39-61-10/	18572	223b
39-61-10/	18573	235e
39-61-10/	18574	235f
39-61-10/	18575	229f
39-61-10/	18576	230f
39-61-10/	18577	231a
39-61-10/	18578	230a
39-61-10/	18579	224b
39-61-10/	18580	223f
39-61-10/	18581	229d
39-61-10/	18581	235c
39-61-10/	18582	228c
39-61-10/	18583	228b
39-61-10/	18584	224c
39-61-10/	18585	215d
39-61-10/	18586	228d
39-61-10/	18589	292b
39-61-10/	18590	357e
39-61-10/	18591	409e
39-61-10/	18592	409d
39-61-10/	18593	409a
39-68-10/	18598	131c
39-68-10/	18599	201c
39-68-10/	18600	217f
39-68-10/	18601	316a
39-68-10/	18602	331c
39-61-10/	18603	345a
39-68-10/	18604	335e
40-37-10/	19247	49f
40-37-10/	19295	50c
40-37-10/	19296	53d
40-43-10/	19301	86c
40-43-10/	19303	25a
40-43-10/	19304	42a
40-43-10/	19305	54e
40-43-10/	19306	57e
40-43-10/	19307	48a
40-43-10/	19308	52e
40-37-10/	19309	50d
40-43-10/	19310	55d
40-43-10/	19311	48e
40-43-10/	19312	48f
40-43-10/	19313	53f
40-43-10/	19314	48d
40-43-10/	19315	46c
40-43-10/	19316	49c
40-37-10/	19317	50e
40-43-10/	19319	125d
40-43-10/	19321	445f
40-43-10/	19322	445a
40-43-10/	19323	345f
40-43-10/	19324	343d
40-43-10/	19325	369e
40-39-10/	19446	291c
40-60-10/	22512	20d
40-79-10/	22539	411f
40-79-10/	22540	416b
40-79-10/	22541	413d
40-79-10/	22541	416a
40-79-10/	22542	416a

Accession	Cat. No.	Page
40-79-10/	22543	413a
40-79-10/	22544	419c
40-79-10/	22545	420a
40-79-10/	22546	420d
40-79-10/	22547	418a
40-79-10/	22592	358c
40-79-10/	22593	357f
40-79-10/	22594	374c
40-79-10/	22623	24b
40-67-10/	22628	109b
40-67-10/	22629	131b
40-67-10/	22630	128e
40-67-10/	22631	226f
40-67-10/	22632	323a
40-67-10/	22633	430a
41-33-10/	23471	401c
41-33-10/	23476	16b
41-58-10/	23485	323f
41-58-10/	23486	418d
41-58-10/	23487	413c
41-58-10/	23488	426b
41-58-10/	23489	416d
41-58-10/	23490	292c
41-58-10/	23491	400e
41-58-10/	23492	404e
41-58-10/	23493	332f
41-58-10/	23497	375f
41-58-10/	23498	146b
41-58-10/	23499	119d
41-58-10/	23500	99f
41-58-10/	23501	116b
42-4-10/	24332	54b
42-4-10/	24333	40d
42-2-10/	24334	74f
41-72-10/	24347	121e
41-72-10/	24385	464a
43-37-10/	24698	466d
44-26-10/	27456	363a
44-26-10/	27457	362b
44-26-10/	27458	362c
44-26-10/	27459	366c
44-51-10/	27507	18c
45-20-10/	27656	19c
45-28-10/	27695	292e
45-28-10/	27697	409b
45-28-10/	27698	317e
46-25-10/	27755	418b
46-25-10/	27756	416e
46-25-10/	27757	414c
46-25-10/	27758	410a
46-25-10/	27759	370b
46-25-10/	27760	286e
46-25-10/	27761	277a
46-25-10/	27762	251f
46-25-10/	27763	252a
46-25-10/	27765	77d
46-25-10/	27766	64a
46-28-10/	27768	311f
46-39-10/	27784	158f
46-40-10/	27793	332e
46-40-10/	27794	359e
46-40-10/	27795	327e
46-40-10/	27797	154b
46-40-10/	27798	149d
46-57-10/	27833	241f
46-57-10/	27834	241e
47-5-10/	27857	301c
46-78-10/	28072	171b
46-78-10/	28088	340e
46-78-10/	28089	323e
46-78-10/	28092	401d
46-78-10/	28094	360d
46-78-10/	28095	43b

Accession	Cat. No.	Page
46-78-10/	28115	441d
46-78-10/	28116	441c
46-78-10/	28117	442e
45-25-10/	28462	363b
45-25-10/	28467	348f
45-25-10/	28468	349a
45-25-10/	28469	349b
45-25-10/	28470	347e
45-25-10/	28471	347f
45-25-10/	28472	350d
45-25-10/	28473	351c
45-25-10/	28474a	364e
45-25-10/	28475	348a
45-25-10/	28476	349c
45-25-10/	28477	349d
45-25-10/	28478	349e
45-25-10/	28479	349f
45-25-10/	28480	350a
45-25-10/	28481	351d
45-25-10/	28482	350b
45-25-10/	28483	350c
45-25-10/	28485	354b
45-25-10/	28486	352f
45-25-10/	28487	354f
45-25-10/	28488	353c
45-25-10/	28489	355a
45-25-10/	28490	351e
45-25-10/	28491	355b
45-25-10/	28492	353a
45-25-10/	28493	352a
45-25-10/	28494	355c
45-25-10/	28495	352d
45-25-10/	28496	353b
45-25-10/	28497	352e
45-25-10/	28498	354a
45-25-10/	28499	356b
45-25-10/	28500	352c
45-25-10/	28501	355d
45-25-10/	28502	367f
45-25-10/	28503	353f
45-25-10/	28504	356c
45-25-10/	28505	366e
45-25-10/	28506	368d
45-25-10/	28508	367b
45-25-10/	28509	366f
45-25-10/	28510	361f
45-25-10/	28511	369b
45-25-10/	28512	367a
45-25-10/	28513	359f
45-25-10/	28514	360e
45-25-10/	28515	364f
45-25-10/	28516	359c
45-25-10/	28517	361b
45-25-10/	28518	363c
45-25-10/	28519	358e
45-25-10/	28520	364b
45-25-10/	28521	367d
45-25-10/	28522	365f
45-25-10/	28523	366a
45-25-10/	28524	366b
45-25-10/	28525	365a
45-25-10/	28526	361a
45-25-10/	28527	368c
45-25-10/	28529	365e
45-25-10/	28530	361e
45-25-10/	28532	365c
45-25-10/	28533	363e
45-25-10/	28534	362f
45-25-10/	28535	368a
45-25-10/	28536	360f
45-25-10/	28537	358d
45-25-10/	28538	362e
45-25-10/	28539	360a
45-25-10/	28540	358b
45-25-10/	28541	358f
45-25-10/	28542	358a
45-25-10/	28543	350e
45-25-10/	28544	348b
45-25-10/	28545	348c
45-25-10/	28546	348d
45-25-10/	28547	350f
45-25-10/	28548	351a
45-25-10/	28549	351b
45-25-10/	28551	356d
45-25-10/	28552	354e
45-25-10/	28553	355f
45-25-10/	28554	353e
45-25-10/	28555	355e
45-25-10/	28556	354d
45-25-10/	28557	352b
45-25-10/	28558	359a
45-25-10/	28559	361c
45-25-10/	28560	364a
45-25-10/	28561	365d
45-25-10/	28563	368f
45-25-10/	28564	363d
45-25-10/	28565	365b
45-25-10/	28566	357d
45-25-10/	28568	359b
45-25-10/	28569a	379e
45-25-10/	28569b	384a
45-25-10/	28570	373a
45-25-10/	28571	372f
45-25-10/	28573	371b
45-25-10/	28574	370e
45-25-10/	28575	371c
45-25-10/	28576	370f
45-25-10/	28577	371d
45-25-10/	28578	371e
45-25-10/	28579	371a
45-25-10/	28580	371f
45-25-10/	28581	372e
45-25-10/	28582	372a
45-25-10/	28583	372b
45-25-10/	28584	380c
45-25-10/	28585	372c
45-25-10/	28589	374a
45-25-10/	28590	372d
45-25-10/	28591	385c
45-25-10/	28592	376a
45-25-10/	28593	386f
45-25-10/	28594	378c
45-25-10/	28595	385d
45-25-10/	28596	384c
45-25-10/	28597	381b
45-25-10/	28598	378d
45-25-10/	28599	380d
45-25-10/	28600	381c
45-25-10/	28601	380e
45-25-10/	28602	375a
45-25-10/	28603	386d
45-25-10/	28604	378b
45-25-10/	28605	383d
45-25-10/	28606	383f
45-25-10/	28607	375e
45-25-10/	28608	374d
45-25-10/	28609	377f
45-25-10/	28610	377e
45-25-10/	28611	385a
45-25-10/	28612	383e
45-25-10/	28613	385b
45-25-10/	28614	384d
45-25-10/	28615	380f
45-25-10/	28616	376d
45-25-10/	28617	374f
45-25-10/	28618	381e

Accession	Cat. No.	Page		Accession	Cat. No.	Page
45-25-10/	28619	386b		48-52-10/	29348	163d
45-25-10/	28620	382a		48-52-10/	29350	165e
45-25-10/	28621	380a		48-52-10/	29351	165f
45-25-10/	28622	377d		48-52-10/	29352	165d
45-25-10/	28623	383c		48-52-10/	29353	169a
45-25-10/	28624	386a		48-52-10/	29354	167d
45-25-10/	28625	384e		48-52-10/	29355	168b
45-25-10/	28626	383b		48-52-10/	29356	166c
45-25-10/	28627	381a		48-52-10/	29356	166d
45-25-10/	28628	382c		48-52-10/	29358	212b
45-25-10/	28629	385e		48-52-10/	29359	282e
45-25-10/	28630	382d		48-52-10/	29360	271a
45-25-10/	28631	384f		48-52-10/	29361	270f
45-25-10/	28632	386c		48-52-10/	29362	270b
45-25-10/	28633	379d		48-52-10/	29363	341d
45-25-10/	28634	378f		48-52-10/	29364	338e
45-25-10/	28635	380b		48-52-10/	29365	333f
45-25-10/	28636	383a		48-52-10/	29366	338c
45-25-10/	28637	377c		48-52-10/	29367	336d
45-25-10/	28638	384b		48-52-10/	29368	342b
45-25-10/	28639	382f		48-52-10/	29369	370a
45-25-10/	28640	377a		48-52-10/	29371	374e
45-25-10/	28641	382e		48-52-10/	29372	376e
45-25-10/	28642	373c		48-52-10/	29374	418c
45-25-10/	28643	378e		48-52-10/	29375	419a
45-25-10/	28644	376b		48-52-10/	29376	418e
45-25-10/	28648	381d		48-52-10/	29377	416c
45-25-10/	28649	374b		48-52-10/	29378	432a
45-25-10/	28650	375b		48-52-10/	29379	422a
45-25-10/	28651	379c		47-66-10/	29382	89b
45-25-10/	28652	387a		47-66-10/	29384	165b
45-25-10/	28653	376c		47-66-10/	29386	339b
45-25-10/	28654	375c		47-66-10/	29389	437b
45-25-10/	28655	375d		47-66-10/	29393	433c
45-25-10/	28656	381f		50-69-10/	32712	294d
45-25-10/	28657	387c		50-69-10/	32713	294b
47-66-10/	28994	438d		50-72-10/	32723	180b
47-66-10/	28995	438a		50-72-10/	32724	179f
47-66-10/	29037	346f		51-31-10/	33193	399f
47-66-10/	29038	418f		51-31-10/	33194	344e
47-66-10/	29039	369d		51-58-10/	33275	86e
47-66-10/	29040	346b		51-38-10/	33276	294c
47-66-10/	29041	331d		51-38-10/	33277	83c
47-66-10/	29042	331e		84-42-10/	33558	324f
47-66-10/	29043	331f		52-40-10/	34051	81a
47-66-10/	29044	332a		53-6-10/	34132	80f
47-66-10/	29045	402f		84-62-10/	34280	275d
47-66-10/	29046	339c		53-27-10/	34423	412b
47-66-10/	29047	421f		54-6-10/	34444	18b
47-66-10/	29048	400f		54-41-10/	34463	139d
47-66-10/	29049	155f		55-4-10/	34866	451c
47-66-10/	29050	155d		55-4-10/	34868	438e
47-66-10/	29051	156e		55-39-10/	35228	227d
47-66-10/	29052	431f		55-39-10/	35235	81b
47-66-10/	29053	142a		55-39-10/	35236	86b
47-66-10/	29054	142b		55-39-10/	35237	82b
47-66-10/	29055	336c		57-1-10/	35413	121b
47-66-10/	29055a	346a		57-33-10/	35595	369f
47-66-10/	29056	99c		57-33-10/	35596	357b
47-66-10/	29058	115e		57-33-10/	35597a	397e
47-66-10/	29059	81d		57-33-10/	35597b	399d
47-77-10/	29060	82e		57-33-10/	35615b	44f
48-52-10/	29329	165c		57-33-10/	35615a	45a
48-52-10/	29338	52c		57-33-10/	35616	19a
48-52-10/	29339	65a		58-18-10/	35823	254b
48-52-10/	29340	58c		58-13-10/	36066	429f
48-52-10/	29341	56c		58-32-10/	36148	130b
48-52-10/	29342	93d		58-32-10/	36149	342a
48-52-10/	29343	118e		85-7-10/	37728	428f
48-52-10/	29344	86f		85-7-10/	37729	429a
48-52-10/	29345	83a		85-7-10/	37730	432e
48-52-10/	29346	87c		85-11-10/	37806	354c
48-52-10/	29347	88b		59-30-10/	38708	347a

Accession	Cat. No.	Page
86-6-10/	38859	419e
61-19-10/	39032	131d
61-19-10/	39033	129b
61-19-10/	39034	266c
61-19-10/	39035	281c
61-19-10/	39036	131e
61-8-10/	39077	344f
61-8-10/	39078	341b
61-8-10/	39079	339f
62-19-10/	39157	42d
62-19-10/	39158	387d
63-3-10/	40736	424e
63-3-10/	40737	430c
63-3-10/	40738	422e
62-30-10/	40813	426f
64-29-10/	43863	29c
64-29-10/	43864	29b
64-29-10/	43865	29d
64-29-10/	43866	29e
64-46-10/	43922	123d
65-10-10/	44002	333a
65-10-10/	44003	51a
65-18-10/	44074	277e
65-44-10/	44081	462b
967-3-10/	44402	491f
967-4-10/	44403	195b
967-5-10/	44404A/B	493b
967-4-10/	44405	197c
967-5-10/	44406	243a
967-4-10/	44407	194f
92-1-10/	47781	120e
92-1-10/	47788	120f
92-1-10/	47791	121c
92-1-10/	47792	119b
92-1-10/	47793	122c
88-51-10/	48050	389e
88-51-10/	48051	389f
88-51-10/	48054a	390a
88-51-10/	48054b	390b
88-51-10/	48054c	390c
88-51-10/	48084e	348e
88-51-10/	48084b	353d
88-51-10/	48084a	356a
88-51-10/	48084d	362a
88-51-10/	48084c	369a
88-51-10/	48085b	376f
88-51-10/	48085a	377b
88-51-10/	48085c	385f
88-51-10/	48102	388c
88-51-10/	48103	361d
90-17-10/	48407	124a
90-17-10/	48408	37a
90-17-10/	48409	37d
90-17-10/	48427	22a
969-1-10/	49247	498e
969-1-10/	49879	128d
97-9-10/	49924	146d
969-2-10/	49958	545a
969-2-10/	49959	342c
88-51-10/	50026	23b
88-51-10/	50222	23a
970-18-10/	50337	415d
970-21-10/	50372	61d
88-51-10/	50492	75b
90-17-10/	50505	271d
90-17-10/	50506	272e
88-51-10/	50669	309d
88-51-10/	50671	304b
88-51-10/	50671b	304c
88-51-10/	50672	291a
88-51-10/	50676	313e
88-51-10/	50676a	313f
88-51-10/	50679a	332c

Accession	Cat. No.	Page
88-51-10/	50679a	335b
88-51-10/	50679	335b
88-51-10/	50692	441e
88-51-10/	50693	441f
88-51-10/	50694a	442a
88-51-10/	50694b	442b
88-51-10/	50701	80a
88-51-10/	50701a	87e
88-51-10/	50703	87f
88-51-10/	50704	89d
88-51-10/	50705	90a
88-51-10/	50706	145d
88-51-10/	50722	157e
88-51-10/	50723	190c
88-51-10/	50725	288e
88-51-10/	50727a	27f
88-51-10/	50727	28d
88-51-10/	50728	27e
88-51-10/	50758	313b
88-51-10/	50759	320d
88-51-10/	50760	321b
96-26-10/	50801	343a
96-26-10/	50802	343b
96-26-10/	50803	340d
971-10-10/	51269	152c
971-10-10/	51270	154d
971-50-10/	51271	153d
971-10-10/	51272	157b
971-10-10/	51273	154c
971-10-10/	51274	155a
971-10-10/	51276	148e
971-10-10/	51277	149a
971-10-10/	51278	150b
971-10-10/	51279	85b
971-10-10/	51280	85a
972-6-10/	51576	323b
972-6-10/	51577	127f
972-6-10/	51578	494c
972-6-10/	51579	516c
972-6-10/	51580	171a
972-45-10/	51883	338d
972-45-10/	51884	337f
972-45-10/	51885	342e
98-15-10/	51914	427d
98-15-10/	51915	427e
98-15-10/	51916	427f
98-15-10/	51917	428a
98-15-10/	51918	428b
98-15-10/	51919	426a
98-15-10/	51920	426d
98-15-10/	51921	427a
98-15-10/	51922	422d
98-15-10/	51924	422c
98-15-10/	51925	421b
98-15-10/	51926	422b
98-15-10/	51927	421a
98-15-10/	51928	423e
98-15-10/	51932	429b
98-15-10/	51933	428d
973-38-10/	52006	417b
973-38-10/	52007	265f
973-38-10/	52008	341f
973-38-10/	52009	267c
973-38-10/	52010	215e
973-38-10/	52011	130d
973-38-10/	52012	254e
973-38-10/	52013	254d
973-38-10/	52014	262e
974-7-10/	52152	455d
974-7-10/	52153	455e
974-7-10/	52155	455f
974-7-10/	52156	455c
974-7-10/	52158	455b

Accession	Cat. No.	Page	Accession	Cat. No.	Page
974-7-10/	52159	456a	01-23-10/	56828	268c
98-18-10/	52162	23c	01-23-10/	56830	269e
99-49-10/	52190	285b	01-28-10/	56858	214a
974-12-10/	52244	72b	01-28-10/	56860	209d
974-12-10/	52245	72e	01-28-10/	56861	209b
974-12-10/	52246	72f	01-28-10/	56862	223a
974-5-10/	52511	487e	01-28-10/	56863	215b
973-43-10/	52512	170d	01-28-10/	56864	216c
974-56-10/	52533	453a	01-28-10/	56865	229c
974-56-10/	52534	344c	01-28-10/	56866	222c
974-56-10/	52535	424a	01-28-10/	56867	223d
974-56-10/	52536	114f	01-28-10/	56867a	232b
974-56-10/	52537	471a	01-28-10/	56868	265e
974-56-10/	52538	386e	01-28-10/	56869	212d
974-56-10/	52539	237e	01-28-10/	56870	255d
975-5-10/	52720	73c	01-28-10/	56871	116c
975-15-10/	52914a	215f	01-28-10/	56872	55c
975-32-10/	52963	64f	01-28-10/	56873	360c
99-12-10/	52989	453c	01-28-10/	56875	337c
99-12-10/	52991	247c	01-31-10/	56883	35f
99-12-10/	52992	123c	01-31-10/	56885	40a
99-12-10/	52993	123b	01-31-10/	56886	140c
975-43-10/	53002	446d	01-28-10/	56926	211c
975-43-10/	53003	443f	02-5-10/	57170	231c
975-43-10/	53004	444f	02-7-10/	57173	125a
975-43-10/	53005	443b	02-7-10/	57175	426c
975-43-10/	53019	448c	02-7-10/	57176	176e
976-19-10/	53079	332b	02-7-10/	57177	176a
99-12-10/	53080	91e	02-11-10/	57199	41b
99-12-10/	53082	78b	02-11-10/	57200	110b
99-12-10/	53160	124e	02-11-10/	57201	117b
976-28-10/	53173	26d	02-11-10/	57202	109a
976-28-10/	53174	26e	02-11-10/	57203	110a
99-12-10/	53178	39d	02-12-10/	57204	444c
99-4-10/	53955a	461e	02-12-10/	57205	444d
99-4-10/	53955b	461f	02-12-10/	57206	444e
99-4-10/	53956	460e	02-12-10/	57207	443c
99-3-10/	53957	460f	02-12-10/	57208	448b
01-3-10/	55979	294a	02-12-10/	57209	447c
01-3-10/	55980	193c	02-12-10/	57210	447a
01-3-10/	55981	199f	02-12-10/	57211	447e
01-3-10/	55982	194a	02-12-10/	57212	447b
01-3-10/	55984	194b	02-13-10/	57213	444a
01-3-10/	55986	194e	02-13-10/	57214	443d
01-3-10/	55987	194c	02-13-10/	57215	445e
01-3-10/	55988	202b	02-13-10/	57216	445c
01-3-10/	55989	194d	02-13-10/	57217	443e
01-3-10/	55990	197a	02-13-10/	57218	443a
01-3-10/	55991	196f	02-13-10/	57219	447f
01-3-10/	55992	195d	02-13-10/	57220	446f
01-3-10/	55993	198b	02-13-10/	57221	446c
01-3-10/	55994	199d	02-5-10/	57222	202f
01-5-10/	56211	396a	02-14-10/	57223	259a
01-5-10/	56212	405c	02-14-10/	57224	317a
01-15-10/	56785	430d	02-14-10/	57225	266d
01-15-10/	56786	413b	02-14-10/	57226	264f
01-15-10/	56787	411d	02-14-10/	57227	231d
01-15-10/	56788	411c	02-14-10/	57228	204c
01-19-10/	56796	104f	02-14-10/	57229	227c
01-19-10/	56797	79b	02-14-10/	57230	254c
01-20-10/	56800	152a	02-14-10/	57231	17c
01-20-10/	56800	157a	02-14-10/	57233	103b
01-20-10/	56801	334e	02-14-10/	57234	105c
01-20-10/	56802	430f	02-14-10/	57235	109f
01-21-10/	56809	120a	02-14-10/	57236	110c
01-21-10/	56810	119f	02-14-10/	57237	399c
01-23-10/	56821	268a	02-14-10/	57238	333d
01-23-10/	56822	269b	02-14-10/	57239	410d
01-23-10/	56823	269d	976-43-10/	57328	228f
01-23-10/	56824	269c	976-43-10/	57329	216e
01-23-10/	56825	268f	976-43-10/	57330	226b
01-23-10/	56826	268b	976-43-10/	57331	224e
01-23-10/	56827	269a	976-43-10/	57332	224a

Accession	Cat. No.	Page		Accession	Cat. No.	Page
976-43-10/	57333	222d		985-27-10/	59026	503b
976-43-10/	57334	218f		985-27-10/	59027	518b
976-43-10/	57335	218a		985-27-10/	59029	524a
976-43-10/	57336	235d		985-27-10/	59033	528d
976-43-10/	57337	235a		985-27-10/	59035	519b
976-43-10/	57338	233b		985-27-10/	59036	528e
976-43-10/	57339	217a		985-27-10/	59037	524b
976-43-10/	57340	216f		985-27-10/	59038	502e
976-43-10/	57341	217c		985-27-10/	59039	527b
976-43-10/	57342	220f		985-27-10/	59041	524c
976-43-10/	57343	219d		985-27-10/	59042	522a
978-14-10/	58225	82c		985-27-10/	59043	490e
978-14-10/	58226	216b		985-27-10/	59045	519c
978-14-10/	58227	344a		985-27-10/	59187	519d
980-18-10/	58239	399b		985-27-10/	59208	519e
980-18-10/	58240	290c		985-27-10/	59234	527c
980-18-10/	58241	224d		985-27-10/	59235	522b
984-11-10/	58265	445d		985-27-10/	59236	492f
984-11-10/	58266	442f		985-27-10/	59238	522c
984-11-10/	58267	451a		985-27-10/	59239	524d
985-15-10/	58271	469a		985-27-10/	59240	516e
982-22-10/	58603	502f		985-27-10/	59241	516f
982-22-10/	58604	330d		985-27-10/	59242	517a
981-20-10/	58625	341c		985-27-10/	59243	510e
981-20-10/	58626	407c		985-27-10/	59244	517b
979-4-10/??	58722	382b		985-27-10/	59245	517c
979-4-10/	58723	379f		985-27-10/	59246	522d
979-5-10/	58774	516d		985-27-10/	59247	522e
979-4-10/	58796	367e		985-27-10/	59248	522f
979-4-10/	58797	518a		985-27-10/	59249	523a
980-11-10/	58803	533c		985-27-10/	59250	486d
983-10-10/	58861	186c		985-27-10/	59251	483f
985-7-10/	58871	518c		985-27-10/	59252	487f
985-27-10/	58940	474a		985-27-10/	59253	479a
985-27-10/	58941	474b		985-27-10/	59254	488c
985-27-10/	58942A/B	474c		985-27-10/	59255	488d
985-27-10/	58943	475b		985-27-10/	59256	523b
985-27-10/	58944	471c		985-27-10/	59257	488e
985-27-10/	58945	471d		985-27-10/	59258	524e
985-27-10/	58946	474d		985-27-10/	59259	481b
985-27-10/	58947	471e		985-27-10/	59260	472f
985-27-10/	58948	474e		985-27-10/	59261	486a
985-27-10/	58950	471f		985-27-10/	59262	486e
985-27-10/	58951	474f		985-27-10/	59263	490d
985-27-10/	58952	472a		985-27-10/	59264	488f
985-27-10/	58953	472b		985-27-10/	59265	489a
985-27-10/	58954	472 c		985-27-10/	59266	489b
985-27-10/	58955A/B	472d		985-27-10/	59267	489c
985-27-10/	58956	475a		985-27-10/	59268	487c
985-27-10/	58957	472e		985-27-10/	59269	486c
985-27-10/	59003	527e		985-27-10/	59270	493c
985-27-10/	59004	527f		985-27-10/	59271	473a
985-27-10/	59005	521a		985-27-10/	59272	486f
985-27-10/	59006	503a		985-27-10/	59334	531a
985-27-10/	59007	499a		984-20-10/	59609	542b
985-27-10/	59008	528a		984-20-10/	59616	545b
985-27-10/	59009	528b		979-4-10/	59797	373b
985-27-10/	59010	502d		985-19-10/	60039	486b
985-27-10/	59011	521f		986-14-10/	60041A/B	542c
985-27-10/	59012	519f		986-14-10/	60048	542d
985-27-10/	59013	521c		986-14-10/	60049A/B	477a
985-27-10/	59014	525b		986-14-10/	60050	479d
985-27-10/	59015	526f		986-14-10/	60051	491c
985-27-10/	59016	518e		985-27-10/	60252	489d
985-27-10/	59017	491a		985-27-10/	60253	489e
985-27-10/	59018	491b		985-27-10/	60309	489f
985-27-10/	59019	519a		985-27-10/	60534	495a
985-27-10/	59020	499b		987-15-10/	60622	542e
985-27-10/	59021	525c		02-14-10/	61015	16e
985-27-10/	59022	527a		02-14-10/	61910	20c
985-27-10/	59023	528c		02-14-10/	61911	21a
985-27-10/	59024	499c		02-14-10/	61912	17d
985-27-10/	59025	525d		02-14-10/	61913	15d

Accession	Cat. No.	Page	Accession	Cat. No.	Page
02-14-10/	61914	15c	02-14-10/	61996	328f
02-14-10/	61916	22d	02-14-10/	61997	325c
02-14-10/	61918	47e	02-14-10/	61999	325a
02-14-10/	61919	72a	02-14-10/	62000	391f
02-14-10/	61920	73b	02-14-10/	62001	409f
02-14-10/	61921	73e	02-14-10/	62002	334b
02-14-10/	61922	111f	02-14-10/	62003	334f
02-14-10/	61923	111b	02-14-10/	62006	373f
02-14-10/	61924	111a	02-14-10/	62007	373d
02-14-10/	61925	111e	02-14-10/	62008	347b
02-14-10/	61926	110f	02-14-10/	62010	112d
02-14-10/	61927	111c	02-4-10/	62150	404b
02-14-10/	61928	109c	02-4-10/	62151	390e
02-14-10/	61929	109d	02-26-10/	62152	123e
02-14-10/	61930	114e	02-26-10/	62153	173b
02-14-10/	61931	113d	02-26-10/	62154	176b
02-14-10/	61932	116d	02-26-10/	62155	90f
02-14-10/	61933	113f	02-26-10/	62156	80c
02-14-10/	61934	114a	02-14-10/	62192	416f
02-14-10/	61935	112b	02-14-10/	62195	100a
02-14-10/	61936	106a	02-28-10/	62196	407b
02-14-10/	61937	102b	02-22-10/	62229	30c
02-14-10/	61938	103a	02-22-10/	62229a	30d
02-14-10/	61939	99d	02-22-10/	62230	30a
02-14-10/	61940	99e	02-22-10/	62231a	31d
02-14-10/	61941	92c	02-22-10/	62231b	31e
02-14-10/	61942	92d	02-22-10/	62232	31f
02-14-10/	61943	92e	03-1-10/	62239	113a
02-14-10/	61945	118c	03-1-10/	62240	113b
02-14-10/	61946	118b	03-1-10/	62241	104a
02-14-10/	61947	106c	03-1-10/	62242	122e
02-14-10/	61949	124f	03-1-10/	62243	107b
02-14-10/	61951	121d	03-1-10/	62244	106d
02-14-10/	61952	100f	03-1-10/	62245	99a
02-14-10/	61953	101a	03-1-10/	62246	431e
02-14-10/	61954	101b	03-2-10/	62252	344b
02-14-10/	61955	139b	03-1-10/	62346	76b
02-14-10/	61956	89f	03-1-10/	62347	41e
02-14-10/	61957	88f	03-1-10/	62348	53b
02-14-10/	61958	177b	03-1-10/	62349	53a
02-14-10/	61959	98d	03-1-10/	62350	46e
02-14-10/	61960	177a	03-1-10/	62351	47d
02-14-10/	61961	128c	03-1-10/	62352	113c
02-14-10/	61962	179c	03-1-10/	62353	120d
02-14-10/	61963	179d	03-1-10/	62354	118d
02-14-10/	61964	178c	03-1-10/	62355	92a
02-14-10/	61966	155b	03-01-10/	62356	207e
02-14-10/	61967	149e	03-1-10/	62357	253d
02-14-10/	61968	127d	03-1-10/	62358	195e
02-14-10/	61969	127e	03-1-10/	62359	197b
02-14-10/	61970	127a	03-1-10/	62360	292d
02-14-10/	61971	196c	03-1-10/	62361	273b
02-14-10/	61972	315f	03-1-10/	62362	321f
02-14-10/	61973	266e	03-1-10/	62363	322b
02-14-10/	61974	318c	03-1-10/	62364	321e
02-14-10/	61975	318f	03-1-10/	62365	321d
02-14-10/	61976	319b	03-1-10/	62366	415e
02-14-10/	61977	317f	03-1-10/	62367	345c
02-14-10/	61978	249a	03-1-10/	62368	431d
02-14-10/	61979	232c	03-1-10/	62370	278e
02-4-10/	61980	226d	03-4-10/	62372	124d
02-14-10/	61981	206a	03-8-10/	62373	132c
02-14-10/	61982	214b	03-8-10/	62374	410c
02-14-10/	61983	210a	03-4-10/	62379	43d
02-14-10/	61985	202e	03-1-10/	62380	255c
02-14-10/	61986	200c	03-1-10/	62381	250e
02-14-10/	61987	295c	03-1-10/	62382	248c
02-14-10/	61988	294e	03-1-10/	62385	206d
02-14-10/	61989	303f	03-1-10/	62386	210c
02-14-10/	61990	320e	03-1-10/	62387	214e
02-14-10/	61992	292f	03-1-10/	62388	211a
02-14-10/	61993	322a	03-1-10/	62390	195f
02-14-10/	61995	328e	03-1-10/	62391	200b

Accession	Cat. No.	Page
03-1-10/	62392	275f
03-1-10/	62393	276b
03-1-10/	62394	276c
03-1-10/	62395	278b
03-1-10/	62396	276e
03-1-10/	62397	277b
03-1-10/	62398	272a
03-1-10/	62399	275b
03-1-10/	62400	406a
03-1-10/	62401	127b
95-30-10/	62403	410f
95-30-10/	62403a	411a
95-30-10/	62404	410b
95-30-10/	62405	412d
95-30-10/	62406b	336b
95-30-10/	62406a	412c
95-30-10/	62407	413e
95-30-10/	62408	413f
95-30-10/	62409	411b
95-30-10/	62410	327d
95-30-10/	62411	424d
95-31-10/	62412	326a
95-30-10/	62413	327f
95-30-10/	62414	328a
95-30-10/	62415	327a
95-30-10/	62417	326d
95-30-10/	62418	391e
95-30-10/	62419	407e
95-30-10/	62420	330a
95-30-10/	62421	330e
95-30-10/	62422	420e
95-30-10/	62423	420f
95-30-10/	62424	407f
95-30-10/	62425	406e
03-14-10/	62429	333e
03-1-10/	62430	335f
03-1-10/	62431	325b
03-1-10/	62432	415f
03-1-10/	62433	45c
03-1-10/	62434	275e
03-1-10/	62435	276f
03-1-10/	62436	259c
03-1-10/	62437	317d
03-1-10/	62438	260a
03-1-10/	62439	316c
03-1-10/	62440	274c
03-1-10/	62441	202a
03-1-10/	62442	193f
03-1-10/	62478	54a
03-1-10/	62479	103f
03-1-10/	62480	104b
03-1-10/	62481	104d
03-1-10/	62482	105d
03-1-10/	62483	110e
03-1-10/	62492	65d
03-20-10/	62495	319f
03-32-10/	62608	461c
03-32-10/	62621	460c
03-32-10/	62630	460d
03-32-10/	62632	462a
03-1-10/	62710	336f
03-1-10/	62711	248d
03-1-10/	62712	320a
03-1-10/	62713	309e
03-1-10/	62714	493a
03-1-10/	62715	289f
03-1-10/	62716	290a
03-1-10/	62718	253e
03-1-10/	62720	253b
03-1-10/	62721	201a
03-1-10/	62722	247f
03-1-10/	62723	205c
03-1-10/	62724	209e
03-1-10/	62725	206b
03-1-10/	62725	227f
03-1-10/	62726	215c
03-1-10/	62731	545c
03-36-10/	62782	393d
03-36-10/	62783	395f
03-36-10/	62784	396f
03-28-10/	62807	457a
04-10-10/	62822	26a
04-10-10/	62824	19f
04-10-10/	62825	17a
04-10-10/	62827	38e
04-10-10/	62828	67c
04-10/10/	62831	73f
04-10-10/	62832	105b
04-10-10/	62833	210b
04-10-10/	62834	190b
04-10-10/	62835	199e
04-10-10/	62836	275c
04-10-10/	62837	290b
04-10-10/	62838	289e
04-10-10/	62839	278d
04-10-10/	62840	288c
04-9-10/	62850	30f
04-10-10/	62997	51e
04-10-10/	62998	53e
04-10-10/	62999	40c
04-10-10/	63000	38c
04-10-10/	63001	38d
04-10-10/	63009	205a
04-10-10/	63010	406c
04-10-10/	63011	267d
04-15-10/	63052	341e
04-10-10/	63412	239c
04-10-10/	63422	260d
04-10-10/	63423	260b
04-10-10/	63424	236b
04-10-10/	63425	117c
04-10-10/	63426	117e
04-10-10/	63427	29a
04-21-10/	63432	459d
04-23-10/	63439	464b
04-24-10/	63442	19b
04-24-10/	63443	50b
02-14-10/	63466	17b
02-14-10/	63468	100d
02-14-10/	63469	100e
02-14-10/	63470	103c
02-14-10/	63471	243d
02-14-10/	63472	144a
04-28-10/	63492	141e
04-28-10/	63554	27b
04-28-10/	63568	22e
04-28-10/	63569	22f
04-10-10/	63595	98f
04-10-10/	63596	107a
04-10-10/	63597	123a
4-10-10/	63598	324b
04-10-10/	63600	240d
04-10-10/	63601	287e
04-10-10/	63602	239b
04-10-10/	63603	268d
04-10-10/	63604	89a
04-37-10/	63615	457b
04-37-10/	63616	458c
04-37-10/	63618	458e
05-7-10/	64431	117f
05-7-10/	64433	123f
05-7-10/	64467	67d
05-7-10/	64470	51d
05-7-10/	64481	317b
05-7-10/	64484b	206f
05-7-10/	64484a	207a

Accession	Cat. No.	Page
05-7-10/	64485	187c
05-7-10/	64486	139a
05-7-10/	64487	139e
05-7-10/	64488	240b
05-7-10/	64489	196a
05-7-10/	64490	197d
05-7-10/	64491	268e
05-7-10/	64492	241d
05-7-10/	64493	245e
05-7-10/	64494	187e
05-7-10/	64495	278a
05-7-10/	64496	288a
05-7-10/	64497	276a
05-7-10/	64498	258c
05-7-10/	64499	249c
05-7-10/	64500	305a
05-7-10/	64501	308c
05-7-10/	64503	312a
05-7-10/	64504	398e
05-7-10/	64506	26c
05-7-10/	64507	113e
05-7-10/	64508	103e
05-7-10/	64528	271b
05-7-10/	64535	66b
04-10-10/	64667	96f
04-10/10/	64668	195c
04-10-10/	64669	243c
04-10-10/	64670	238b
04-10-10/	64671	238d
04-10-10/	64672	242a
04-10-10/	64673	236e
04-10-10/	64675	251b
04-10-10/	64676	238e
04-10-10/	64677	210f
04-10-10/	64678	265b
04-10-10/	64679	256f
04-10-10/	64679a	258e
04-10-10/	64680	258f
04-23-10/	64695	464c
05-7-10/	64711	67e
05-19-10/	64721	462c
05-19-10/	64722	462d
05-19-10/	64732	462e
05-19-10/	64733	462f
05-19-10/	64757	465a
05-7-10/	64770	38f
05-7-10/	64772	28a
05-7-10/	64773	103d
05-7-10/	64774	105f
05-7-10/	64775	196d
05-7-10/	64776	144c
05-7-10/	64778	279d
05-7-10/	64780	205f
05-7-10/	64782	205b
05-7-10/	64783	266b
05-7-10/	64784	246d
05-7-10/	64785	260c
05-7-10/	64786	263e
05-7-10/	64790	111d
05-7-10/	64791	428e
05-7-10/	64803	117d
05-7-10/	64804	100b
05-7-10/	64805	325e
05-7-10/	64806	415a
05-7-10/	64807	276d
05-7-10/	64808	277d
05-7-10/	64809	272f
05-7-10/	64810	287c
05-7-10/	64811	271f
05-7-10/	64812	316e
05-13-10/	64888	25b
05-23-10/	64890	222b
05-7-10/	64905	277c
05-7-10/	64906	345d
05-7-10/	64908	22c
05-7-10/	64910	102f
05-7-10/	64911	102d
05-7-10/	64912	101c
05-7-10/	64913	98a
05-7-10/	64914	104c
05-7-10/	64935	107c
05-7-10/	64940	320b
05-7-10/	64953	212a
05-7-10/	64954	204b
05-19-10/	65027	464d
05-19-10/	65028	464e
05-19-10/	65074	464f
05-19-10/	65075	454b
05-19-10/	65081	463c
05-7-10/	65294	94e
05-7-10/	65419	241b
04-23-10/	65430	461a
05-7-10/	65492	95b
05-7-10/	65493	94d
05-7-10/	65495	94f
05-7-10/	65512a	96c
05-7-10/	65512b	96e
05-7-10/	65513	97a
05-7-10/	65514	98b
05-7-10/	65515	98c
05-7-10/	65516	97b
05-7-10/	65517	97d
05-7-10/	65518	96d
05-7-10/	65524	76c
05-7-10/	65526	173c
05-7-10/	65531	187b
05-7-10/	65583	78a
05-7-10/	65594	91f
05-7-10/	65596	79c
05-7-10/	65597	79d
05-7-10/	65598	79e
05-7-10/	65602	80d
05-7-10/	65603	101e
05-7-10/	65604	97e
05-7-10/	65605	97f
05-7-10/	65606	99b
05-7-10/	65607	98e
05-7-10/	65608	102a
05-7-10/	65610	101f
05-7-10/	65613	100c
05-7-10/	65614	106e
05-7-10/	65615	102c
05-7-10/	65616	94b
05-7-10/	65617	95e
05-7-10/	65621	125b
05-7-10/	65622	106f
05-7-10/	65623	107e
05-7-10/	65624	97c
05-7-10/	65628	74a
05-7-10/	65629	73a
05-7-10/	65632	112a
05-7-10/	65633	92b
05-7-10/	65638	205d
05-7-10/	65639	211f
05-7-10/	65640	205e
05-7-10/	65641	212e
05-7-10/	65643	141c
05-7-10/	65644	176f
05-7-10/	65645	177e
05-7-10/	65650	28e
05-7-10/	65651	28b
05-7-10/	65652	26b
05-48-10/	65660	265a
05-49-10/	65661	231e
05-49-10/	65662	231f
05-49-10/	65663	230b

Accession	Cat. No.	Page
05-49-10/	65664	232d
05-49-10/	65665	232e
05-49-10/	65666	232a
05-49-10/	65667	226a
06-4-10/	65747	461b
06-5-10/	65763	273c
06-5-10/	65770	305d
06-5-10/	65771	324e
06-5-10/	65772	330b
06-5-10/	65773	330c
06-5-10/	65777	463f
06-5-10/	65854	273d
06-06-10/	66323	151c
06-5-10/	66336	141f
06-5-10/	66344	143e
06-5-10/	66345	143f
06-5-10/	66354	208f
06-5-10/	66361	152e
06-5-10/	66362	187f
06-5-10/	66363	203e
06-5-10/	66364	203f
06-5-10/	66380	175c
06-5-10/	66455	253f
06-5-10/	66456	259b
06-5-10/	66457	170e
06-5-10/	66458	125c
06-5-10/	66461	176d
06-5-10/	66462	174f
06-5-10/	66463	174e
06-5-10/	66464	178e
06-5-10/	66466	221b
06-5-10/	66475	431c
06-5-10/	66491	145a
06-5-10/	66492	145b
06-5-10/	66493	148a
06-5-10/	66495	139c
06-5-10/	66519	390f
06-5-10/	66520	391a
06-5-10/	66521	394a
06-5-10/	66522	406d
06-5-10/	66524	411e
06-5-10/	66527	408b
06-5-10/	66528	408c
06-5-10/	66529	408d
06-5-10/	66530	417c
06-5-10/	66531	408f
06-5-10/	66959	140e
06-5-10/	66960	140d
06-5-10/	66961	141d
06-44-10/	66963	429c
06-44-10/	66964	334d
993-20-10/	71125	539c
993-20-10/	71126	537d
993-20-10/	71127	537e
993-20-10/	71128	537f
993-20-10/	71129	538a
993-20-10/	71141A/B	539d
993-20-10/	71142A/B	539e
993-20-10/	71148	538b
993-20-10/	71149	538c
993-20-10/	71150	538d
993-20-10/	71151	538e
993-20-10/	71152	538f
993-20-10/	71153	539a
993-20-10/	71154	539b
987-16-10/	71176A/B	475c
987-27-10/	71213	517d
988-16-10/	71300	510f
988-16-10/	71301	497a
07-22-10/	72052	258d
07-22-10/	72053	35b
07-13-10/	72108	153a
07-13-10/	72109	86d
07-22-10/	72110	198e
07-22-10/	72111	193d
07-22-10/	72113	293f
07-22-10/	72114	203a
07-22-10/	72115	187a
07-22-10/	72116	303a
07-22-10/	72117	263f
07-22-10/	72118	35e
07-22-10/	72154	158b
07-22-10/	72169	319d
07-22-10/	72170	255b
07-22-10/	72171	170c
07-22-10/	72172	169f
07-22-10/	72173	245a
07-22-10/	72174	239d
07-22-10/	72175	316d
07-22-10/	72176	167c
07-22-10/	72177	178f
07-22-10/	72178	288b
07-22-10/	72179	293e
07-22-10/	72180	291e
07-22-10/	72181	291d
07-22-10/	72186	393f
07-22-10/	72187	403d
07-22-10/	72188	395b
07-22-10/	72189	393b
07-22-10/	72190	405f
07-22-10/	72191	403c
07-22-10/	72192	391b
07-22-10/	72193	391c
07-22-10/	72194	398f
07-22-10/	72195	394f
07-22-10/	72196	392f
07-22-10/	72197	59a
07-22-10/	72198	60d
07-22-10/	72199	59b
07-22-10/	72200	65b
07-22-10/	72201	34d
07-22-10/	72202	35c
07-22-10/	72203	34a
07-22-10/	72204	34e
07-22-10/	72205	33d
07-22-10/	72206	33f
07-22-10/	72207	34f
07-22-10/	72208	34b
07-22-10/	72209	34c
07-22-10/	72210	35a
07-22-10/	72211	33c
07-5-10/	72418	121a
07-5-10/	72425	119a
07-5-10/	72426	122a
07-5-10/	72427	122b
07-5-10/	72428	122d
07-22-10/	72437	392a
07-22-10/	72438	394c
07-22-10/	72439	405d
07-22-10/	72440	392b
07-22-10/	72442	403b
07-22-10/	72443	397d
07-22-10/	72444	405e
07-22-10/	72447	392c
07-22-10/	72448	397c
07-22-10/	72449	393a
07-22-10/	72450	405b
07-22-10/	72451	404f
07-22-10/	72452	392d
07-22-10/	72454	392e
07-34-10/	72475	460b
07-34-10/	72477	460a
08-4-10/	72823	402b
08-4-10/	72824	395d
08-4-10/	72825	393c
08-4-10/	72826	402a

Accession	Cat. No.	Page
08-4-10/	72827	394d
08-4-10/	72828	404a
08-4-10/	72829	402d
08-4-10/	72831	424b
08-4-10/	72832	271c
08-4-10/	72833	312b
08-4-10/	72834	295a
08-4-10/	72961	213a
08-4-10/	72969	295b
08-4-10/	72970	302c
08-4-10/	72971	302d
08-4-10/	72972	303c
08-4-10/	72973	303b
08-4-10/	72974	294f
08-4-10/	72986	319e
08-4-10/	72987	319c
08-4-10/	72988	316f
08-4-10/	72989	318d
08-4-10/	72992	326f
08-4-10/	73001	198d
08-4-10/	73002	198c
987-25-10/	73051	536d
990-8-10/	73053	483b
08-13-10/	73078	62e
08-16-10/	73088	120b
08-16-10/	73090	120c
08-4-10/	73129	198f
08-4-10/	73130	193e
08-4-10/	73132	299e
08-4-10/	73140	147e
08-4-10/	73143	151e
08-4-10/	73145	483d
08-4-10/	73158	142c
995-29-10/	73159	533f
995-29-10/	73161	534a
995-29-10/	73162	534b
995-29-10/	73163	534c
995-29-10/	73164	534d
995-29-10/	73165	534e
995-29-10/	73166	534f
995-29-10/	73167A/B	535a
995-29-10/	73168	535b
995-29-10/	73169A/B	535c
995-29-10/	73170	535d
995-29-10/	73171	535e
995-29-10/	73172	535f
995-29-10/	73173	536a
995-29-10/	73174A/B	536b
995-29-10/	73175	539f
995-29-10/	73176A/B	540a
995-29-10/	73177A/B	540b
995-29-10/	73178A/B	540c
995-29-10/	73179A/B	540d
995-29-10/	73180A/B	541a
995-29-10/	73181A/B	541b
995-29-10/	73182A/B	541c
995-29-10/	73183A/B	541d
995-29-10/	73184	542f
995-29-10/	73185A/B	541e
995-29-10/	73186A/B	541f
08-4-10/	73189	138d
08-4-10/	73190	138e
08-4-10/	73191	138f
08-4-10/	73192	483c
995-29-10/	73193	543a
08-4-10/	73194	137c
08-4-10/	73195	137f
08-4-10/	73197	134d
08-4-10/	73198	134e
08-4-10/	73200	135b
08-4-10/	73201	135c
08-4-10/	73202	132d
08-4-10/	73203	132b
08-4-10/	73204	132f
08-4-10/	73205	132a
08-4-10/	73206	133f
08-4-10/	73207	134c
995-29-10/	73209	469b
995-29-10/	73210	469c
995-29-10/	73211	469d
995-29-10/	73212A/B	469e
995-29-10/	73213A/B	469f
995-29-10/	73214A/B	470a
995-29-10/	73215A/B	470b
995-29-10/	73216A/B	470c
995-29-10/	73217A/B	470d
995-29-10/	73218A/B	470e
995-29-10/	73219	479e
995-29-10/	73220	473b
995-29-10/	73221	473c
995-29-10/	73222A/B	473d
995-29-10/	73223	473e
995-29-10/	73224	473f
995-29-10/	73225A/B	475d
995-29-10/	73226A/B	475e
995-29-10/	73227A/B	475f
995-29-10/	73228A/B	476a
995-29-10/	73229A/B	476b
995-29-10/	73230	476c
995-29-10/	73231	476d
995-29-10/	73232	476e
995-29-10/	73233A/B	477c
995-29-10/	73234A/B	479b
995-29-10/	73235	479c
995-29-10/	73236	479f
995-29-10/	73237	480f
995-29-10/	73238	481c
995-29-10/	73239	481d
995-29-10/	73240	481a
995-29-10/	73241	480a
08-4-10/	73242	159a
995-29-10/	73242	480b
08-4-10/	73243	159b
995-29-10/	73243	480c
08-4-10/	73244	162b
995-29-10/	73244	480d
08-4-10/	73245	164b
995-29-10/	73245	480e
08-4-10/	73246	161e
995-29-10/	73246	477d
08-4-10/	73247	161c
995-29-10/	73247	487d
08-4-10/	73248	161d
995-29-10/	73248	487a
08-4-10/	73249	160a
995-29-10/	73249	487b
08-4-10/	73250	160e
995-29-10/	73250	483a
08-4-10/	73251	160f
995-29-10/	73251	484a
08-4-10/	73252	159c
995-29-10/	73252	484b
08-4-10/	73253	159d
995-29-10/	73253	484c
08-4-10/	73254	159e
995-29-10/	73254	484d
08-4-10/	73255	163b
995-29-10/	73255	484e
08-4-10/	73256	163e
995-29-10/	73256	484f
08-4-10/	73257	164a
995-29-10/	73257	485a
08-4-10/	73258	163f
995-29-10/	73258	485b
08-4-10/	73259	161a
995-29-10/	73259	483e

Accession	Cat. No.	Page		Accession	Cat. No.	Page
08-4-10/	73260	166a		995-29-10/	73310	505e
995-29-10/	73260	490a		995-29-10/	73311A/B	505f
995-29-10/	73261	490b		995-29-10/	73312A/B	506a
08-4-10/	73262	164c		995-29-10/	73313	506b
995-29-10/	73262	490c		995-29-10/	73314A/B	506c
08-4-10/	73263	164e		995-29-10/	73315	506d
995-29-10/	73263	488a		995-29-10/	73316	506e
995-29-10/	73264	488b		995-29-10/	73317	506f
08-4-10/	73265	164d		995-29-10/	73318	507a
995-29-10/	73265	492a		995-29-10/	73319	507b
08-4-10/	73266	165a		995-29-10/	73320	507c
995-29-10/	73266	492b		995-29-10/	73321	507d
08-4-10/	73267	161b		995-29-10/	73322A/B	507e
995-29-10/	73267	492c		995-29-10/	73323	507f
08-4-10/	73268	166b		995-29-10/	73324	508a
995-29-10/	73268	492d		995-29-10/	73325	508b
08-4-10/	73269	162a		995-29-10/	73326A/B	508c
995-29-10/	73269	492e		995-29-10/	73327	508d
08-4-10/	73270	163a		995-29-10/	73328	508e
995-29-10/	73270	493d		995-29-10/	73329A/B	508f
08-4-10/	73271	160d		995-29-10/	73330	499d
995-29-10/	73271	493e		995-29-10/	73331	499e
08-4-10/	73272	160b		995-29-10/	73332	499f
995-29-10/	73272	493f		995-29-10/	73333	500a
08-4-10/	73273	160c		995-29-10/	73334	509a
995-29-10/	73273	494a		995-29-10/	73335A/B	500b
08-4-10/	73274	168c		995-29-10/	73336	500c
995-29-10/	73274	495b		995-29-10/	73337	500d
995-29-10/	73275	495c		995-29-10/	73338	500e
995-29-10/	73276	495d		995-29-10/	73339	500f
08-4-10/	73277	167f		995-29-10/	73340	501a
995-29-10/	73277	491d		995-29-10/	73341	501b
995-29-10/	73278	491e		995-29-10/	73342	501c
08-4-10/	73279	162c		995-29-10/	73343	501d
995-29-10/	73279	496a		995-29-10/	73344	501e
08-4-10/	73280	162d		995-29-10/	73345	501f
995-29-10/	73280	496b		995-29-10/	73346	502a
08-4-10/	73281	162e		08-4-10/	73346	485e
995-29-10/	73281	523c		08-4-10/	73347	485f
995-29-10/	73282	523d		995-29-10/	73347	502b
08-4-10/	73283	162f		08-4-10/	73348	168d
995-29-10/	73283	523e		995-29-10/	73348	502c
995-29-10/	73284	523f		995-29-10/	73349	498f
995-29-10/	73285	495e		995-29-10/	73350	511a
995-29-10/	73286	495f		995-29-10/	73351	511b
995-29-10/	73287	498a		995-29-10/	73352	511c
08-4-10/	73288	168f		995-29-10/	73353	511d
995-29-10/	73288	498b		995-29-10/	73354	511e
08-4-10/	73289	169e		995-29-10/	73355	511f
995-29-10/	73289	498c		995-29-10/	73356	512a
08-4-10/	73290	170b		995-29-10/	73357	512b
995-29-10/	73290	497b		995-29-10/	73358	512c
995-29-10/	73291	497c		995-29-10/	73359	512d
08-4-10/	73291	485c		995-29-10/	73360	512e
995-29-10/	73292	497d		995-29-10/	73361	512f
08-4-10/	73292	485d		995-29-10/	73362	513a
995-29-10/	73293	497e		995-29-10/	73363	513b
995-29-10/	73294	497f		995-29-10/	73364	513c
995-29-10/	73295	498d		995-29-10/	73365	513d
995-29-10/	73296	503c		995-29-10/	73368	513e
995-29-10/	73297	503d		995-29-10/	73369	513f
995-29-10/	73298	503e		995-29-10/	73370	514a
995-29-10/	73299	503f		995-29-10/	73371	514b
995-29-10/	73300	504a		995-29-10/	73372	514c
995-29-10/	73301	504b		995-29-10/	73373	514d
995-29-10/	73302	504c		995-29-10/	73374	514e
995-29-10/	73303	504d		995-29-10/	73375	514f
995-29-10/	73304	504e		995-29-10/	73376	515a
995-29-10/	73305	504f		995-29-10/	73377	515b
995-29-10/	73306	505a		995-29-10/	73378	515c
995-29-10/	73307A/B	505b		995-29-10/	73379	515d
995-29-10/	73308A/B	505c		995-29-10/	73380	515e
995-29-10/	73309A/B	505d		995-29-10/	73381	515f

Accession	Cat. No.	Page	Accession	Cat. No.	Page
995-29-10/	73382	516a	09-9-10/	74633a	247e
995-29-10/	73383	516b	09-8-10/	74634	272c
995-29-10/	73384	518f	09-8-10/	74635	281b
995-29-10/	73385	520a	09-1-10/	74661	414d
995-29-10/	73386	521e	09-1-10/	74662	412a
995-29-10/	73387	520b	09-1-10/	74663	412e
995-29-10/	73388	521d	997-20-10/	74707	517e
995-29-10/	73389	521b	997-20-10/	74714	517f
995-29-10/	73390	520c	997-20-10/	74715	509b
995-29-10/	73391	520d	997-20-10/	74716	509c
995-29-10/	73392A/B	520e	997-20-10/	74720	526e
995-29-10/	73393	520f	997-20-10/	74723	509d
995-29-10/	73394	524f	996-30-10/	74730	536c
995-29-10/	73395	528f	09-8-10/	74844	257f
995-29-10/	73396	527d	09-8-10/	74845	258a
995-29-10/	73397	525e	09-8-10/	74846	255e
995-29-10/	73398	525f	09-8-10/	74847	261c
995-29-10/	73399	526a	09-8-10/	74848	261e
995-29-10/	73400	526b	09-8-10/	74849	263b
995-29-10/	73401	526c	09-8-10/	74850	261a
995-29-10/	73402	526d	09-8-10/	74851	259f
995-29-10/	73403	529a	09-8-10/	74852	259e
995-29-10/	73404	529b	09-8-10/	74853a	256b
995-29-10/	73405	529c	09-8-10/	74853	257b
995-29-10/	73406	529d	09-8-10/	74854	256e
995-29-10/	73407	529e	09-8-10/	74856	256d
995-29-10/	73408	529f	09-8-10/	74857	258b
995-29-10/	73409	530a	09-8-10/	74868	256a
995-29-10/	73410	530b	09-8-10/	74869	255f
995-29-10/	73411	530c	09-8-10/	74870	264b
995-29-10/	73412	530d	09-8-10/	74871	261f
995-29-10/	73413	530e	09-8-10/	74872	263d
995-29-10/	73414	530f	09-8-10/	74873	262a
995-29-10/	73415	518d	09-8-10/	74874	262c
995-29-10/	73416	542a	09-8-10/	74895	250a
995-29-10/	73417A/B	471b	09-8-10/	74896	248f
995-29-10/	73418	545f	09-8-10/	74897	249e
08-17-10/	73428	435b	09-8-10/	74898	249f
08-17-10/	73446	435c	09-8-10/	74900	249b
08-17-10/	73447	435d	09-8-10/	74901	249d
08-17-10/	73448	435a	09-8-10/	74902	248e
08-17-10/	73449	436a	09-8-10/	74903	250f
08-17-10/	73450	435e	09-8-10/	74904	251c
08-17-10/	73451	435f	09-8-10/	74905	251d
08-17-10/	73452	437c	09-8-10/	74906	252f
08-17-10/	73453	437d	09-8-10/	74907	252d
08-17-10/	73454	436c	09-8-10/	74908	254a
08-17-10/	73455	438b	09-8-10/	74909a	250b
08-17-10/	73456	437f	09-8-10/	74909	253a
08-17-10/	73457	437e	09-8-10/	74910	252e
08-17-10/	73458	436e	09-8-10/	74913	254f
08-17-10/	73459	436f	09-8-20/	74916	237b
08-17-10/	73460	437a	09-8-10/	74917	236d
08-17-10/	73468	433e	09-8-10/	74918	242e
08-17-10/	73469	433f	09-8-10/	74919	246a
08-4-10/	73491	404c	09-8-10/	74920	244c
08-4-10/	73492	429d	09-8-10/	74921	245b
08-4-10/	73493	425e	09-8-10/	74922	242f
08-4-10/	73499	402c	09-8-10/	74923	243e
08-4-10/	73516	389c	09-8-10/	74924	240c
08-4-10/	73727	236c	09-8-10/	74925	241a
08-4-10/	73728	422f	09-8-10/	74926	238c
08-4-10/	73728a	423a	09-8-10/	74927	242b
08-4-10/	73729	525a	09-8-10/	74928	238a
08-4-10/	73730	421c	09-8-10/	74929	245d
08-4-10/	73731	321c	09-8-10/	74931	244b
09-8-10/	74543	391d	09-8-10/	74932	244a
09-8-10/	74544	424f	09-8-10/	74934	263a
09-8-10/	74545	204a	09-8-10/	74935	201b
09-14-10/	74631	334a	09-8-10/	74936	202d
09-8-10/	74632	225a	09-8-10/	74941	308b
09-8-10/	74633	247e	09-25-10/	74955	333c
09-8-10/	74633	250c	09-8-10/	75022	328d

Accession	Cat. No.	Page
09-8-10/	75023	329b
09-8-10/	75047	463e
09-3-10/	75375	273f
09-37-10/	75963	68b
09-38-10/	75964	343f
09-1-10/	75977	417d
09-1-10/	75978	417e
09-1-10/	75979	419f
10-21-10/	76028	122f
10-21-10/	76029	399a
10-21-10/	76030	406b
10-21-10/	76031	406f
10-21-10/	76032	311e
10-21-10/	76132	290e
10-21-10/	76133	288f
10-21-10/	76134	288d
10-21-10/	76135	290f
10-21-10/	76139	289c
10-21-10/	76140	289a
10-21-10/	76141	289d
10-21-10/	76433	125e
10-21-10/	76435	96a
10-21-10/	76436	275a
10-21-10/	76437b	301d
10-21-10/	76437a	301e
10-21-10/	76438	318b
10-21-10/	76440	203b
10-21-10/	76441	197f
10-21-10/	76442	197e
10-21-10/	76443	196e
10-21-10/	76444	201f
10-21-10/	76445	202c
10-21-10/	76446	203c
10-21-10/	76447	188c
10-21-10/	76449	219f
10-21-10/	76450	225c
10-21-10/	76451	220a
10-21-10/	76452	226c
10-21-10/	76453	222f
10-21-10/	76454	235b
10-21-10/	76456	208c
10-21-10/	76457	208a
10-21-10/	76459	208e
10-21-10/	76461	260e
10-21-10/	76462	262b
10-21-10/	76464	257a
10-21-10/	76465	257d
10-21-10/	76466	257e
10-21-10/	76477	261d
10-21-10/	76478	256c
10-21-10/	76479	257c
10-21-10/	76480	264a
10-21-10/	76481	261b
10-21-10/	76482	260f
10-21-10/	76483	264e
10-21-10/	76487	143a
10-21-10/	76488	142f
10-21-10/	76489	142e
10-21-10/	76491	143c
10-21-10/	76491b	143d
10/21/10	76500	139f
10/21/10	76501	140a
10/21/10	76502	140b
10-21-10/	76504	251a
10-21-10/	76505	250d
10-21-10/	76506	252b
10-21-10/	76507	252c
10-21-10/	76508	253c
10-21-10/	76511	242c
10-21-10/	76512	243f
10-21-10/	76513	242d
10-21-10/	76514	240e
10-21-10/	76515	243b
10-21-10/	76516	241c
10-21-10/	76517	240a
10-21-10/	76518	237f
10-21-10/	76519	239a
10-21-10/	76520	245c
10-21-10/	76521	237a
10-21-10/	76522	236f
10-21-10/	76523	237c
10-21-10/	76524	175d
10-21-10/	76534	175a
10-21-10/	76538	173a
10-21-10/	76539	174d
10-21-10/	76540	174c
10-21-10/	76541	173e
10-21-10/	76542	175b
10-21-10/	76543	178a
10-21-10/	76544	177f
10-21-10/	76547	134a
10-21-10/	76548	134b
10-21-10/	76549	133d
10-21-10/	76550	137e
10-21-10/	76551a	137a
10-21-10/	76552	137b
10-21-10/	76553	136f
10-21-10/	76554	133c
10-21-10/	76555	132e
10-21-10/	76556	137d
10-21-10/	76557	133a
10-21-10/	76558	138a
10-21-10/	76559	138b
10-21-10/	76560a	135d
10-21-10/	76560b	135e
10-21-10/	76560c	135f
10-21-10/	76560d	136a
10-21-10/	76561	136b
10-21-10/	76562	134f
10-21-10/	76562	136d
10-21-10/	76563	135a
10-21-10/	76565	136e
10-21-10/	76573	138c
10-21-10/	76586	151a
10-21-10/	76629	191d
10-21-10/	76630	191e
10-21-10/	76631	191f
10-21-10/	76632	192a
10-21-10/	76633	193b
10-21-10/	76634	192c
10-21-10/	76635	192b
10-21-10/	76636	190f
10-21-10/	76637	192d
10-21-10/	76638	191a
10-21-10/	76639	192f
10-21-10/	76640	192e
10-21-10/	76641	191b
10-21-10/	76642	190e
10-21-10/	76643	189b
10-21-10/	76644	189c
10-21-10/	76645	189d
10-21-10/	76646	189a
10-21-10/	76648	188e
10-21-10/	76649	188d
10-21-10/	76651	188f
10-21-10/	76651	191c
10-21-10/	76652	189f
10-21-10/	76672	186f
10-21-10/	76674	186d
10-21-10/	76675	186e
10-21-10/	76676	183c
10-21-10/	76677	183d
10-21-10/	76678	183e
10-21-10/	76679	183f
10-21-10/	76680	184a
10-21-10/	76681	184c

Accession	Cat. No.	Page	Accession	Cat. No.	Page
10-21-10/	76682	185c	11-2-10/	83829b	44a
10-21-10/	76683	185d	11-2-10/	83829c	44b
10-21-10/	76684	185e	11-2-10/	83830a	40b
10-21-10/	76685	185b	11-2-10/	83830b	66e
10-21-10/	76686	184f	11-2-10/	83831	40e
10-21-10/	76687	184e	11-2-10/	83832a	68e
10-21-10/	76688	185a	11-2-10/	83832b	68f
10-21-10/	76689	185f	11-2-10/	83832c	69a
10-21-10/	76690	186a	11-2-10/	83832d	69b
10-21-10/	76691	186b	11-2-10/	83832e	69c
10-21-10/	76694	184b	11-2-10/	83832f	69d
10-21-10/	76701a	181a	11-2-10/	83832g	69e
10-21-10/	76701b	181b	11-2-10/	83832h	69f
10-21-10/	76702	181c	11-2-10/	83832i	70a
10-21-10/	76703a	180e	11-2-10/	83832j	70b
10-21-10/	76703b	180f	11-2-10/	83833	70c
10-21-10/	76704	181d	11-2-10/	83844	39e
10-21-10/	76705	178d	11-2-10/	83845	65e
10-21-10/	76706	181e	11-2-10/	83846	153e
10-21-10/	76707	181f	11-2-10/	83848	141a
10-21-10/	76709	179e	11-2-10/	83849	200a
10-21-10/	76710	180d	11-2-10/	83850	105e
10-21-10/	76711	179a	11-2-10/	83852	432b
10-21-10/	76712	180a	11-2-10/	83853	213d
10-21-10/	76713	179b	11-2-10/	83854	230d
10-21-10/	76715	182d	11-2-10/	83856	446b
10-21-10/	76716	182c	11-2-10/	83857	446a
10-21-10/	76718	182e	11-2-10/	83858	444b
10-21-10/	76719	182f	11-58-10/	83964	208b
10-21-10/	76720	183a	13-9-10/	83967	184d
10-21-10/	76737	182a	13-9-10/	83969	168a
10-21-10/	76737	182b	13-9-10/	83970a	331a
10-21-10/	76744	183b	13-9-10/	83970b	331b
10-21-10/	76753	167e	11-60-10/	83974	119c
10-53-10/	80335a	463a	11-60-10/	83979	188b
10-53-10/	80335b	463b	11-60-10/	83980	187d
11-14-10/	82900	456c	11-60-10/	83981	193a
11-37-10/	82901	20e	11-60-10/	83985	107e
11-37-10/	82902	20f	11-16-10/	83986	95f
11-37-10/	82903	21e	11-60-10/	84000	151d
11-37-10/	82904	21f	11-60-10/	84008	172e
11-37-10/	82905	21b	11-60-10/	84009	172f
11-37-10/	82906	21c	11-60-10/	84018	131a
11-37-10/	82907	21d	11-60-10/	84019	172a
11-37-10/	82908	15b	11-60-10/	84020	172b
11-37-10/	82909	18a	11-60-10/	84021	172c
11-37-10/	82910	17f	11-60-10/	84022	172d
11-37-10/	82915	15a	11-60-10/	84027	124c
11-37-10/	82916	16e	11-60-10/	84029	121f
11-37-10/	82917	17e	12-37-10/	84234	51c
11-37-10/	82918	19d	12-37-10/	84235b	57a
11-2-10/	83805	57b	12-37-10/	84235c	60c
11-2-10/	83806	59e	12-37-10/	84235a	60e
11-2-10/	83807	59c	12-37-10/	84236	63c
11-2-10/	83809	60f	12-27-10/	84237	62f
11-2-10/	83810	61a	12-37-10/	84238	67b
11-2-10/	83812	62c	12-37-10/	84239	43e
11-2-10/	83813	65f	12-39-10/	84246	210d
11-2-10/	83815	62a	12-29-10/	84347	388e
11-2-10/	83816	64c	12-29-10/	84352	387e
11-2-10/	83817	47c	12-29-10/	84353	388d
11-2-10/	83818	66a	12-29-10/	84362	387f
11-2-10/	83819	63a	12-29-10/	84364	388a
11-2-10/	83821	66f	12-29-10/	84366	388b
11-2-10/	83822	67a	12-56-10/	84403	59d
11-2-10/	83823	41f	13-11-10/	84420	204e
11-2-10/	83824	51f	13-9-10/	84669	342d
11-2-10/	83825	62b	13-23-10/	84678	274a
11-2-10/	83827	68a	13-23-10/	84681	195a
11-2-10/	83828b	42c	13-26-10/	85205	328c
11-2-10/	83828a	42e	13-9-10/	85206	95d
11-2-10/	83828c	42f	13-26-10/	85207	328b
11-2-10/	83829a	43f	13-26-10/	85208	325f

Accession	Cat. No.	Page
13-26-10/	85209	326b
13-26-10/	85210	327b
13-26-10/	85211	326e
13-26-10/	85212	329a
13-26-10/	85213	327c
13-26-10/	85222	407d
13-9-10/	85258	161f
13-9-10/	85260	95c
13-9-10/	85261	94a
13-9-10/	85262	96b
13-9-10/	85263	414e
13-9-10/	85264	414a
13-9-10/	85265	415b
13-9-10/	85266	95d
13-9-10/	85266	414b
13-9-10/	85267	415c
13-35-10/	85298	433a
13-38-10/	85324	431a
13-38-10/	85324a	431b
13-9-10/	85331	107f
13-9-10/	85333	108a
13-9-10/	85334	108b
13-9-10/	85335	279a
13-9-10/	85336	306c
13-9-10/	85341	33a
13-9-10/	85341a	33b
14-11-10/	85592	78e
14-11-10/	85593	31a
14-11-10/	85594	263c
14-11-10/	85595	245f
14-11-10/	85596	237d
14-11-10/	85597	200e
14-11-10/	85603	71f
14-29-10/	85775	432c
14-29-10/	85799	68c
14-29-10/	85800	44c
14-29-10/	85801	60b
14-29-10/	85802	61c
14-29-10/	85803	50f
14-29-10/	85804	148c
14-27-10/	85861	74e
14-27-10/	85868	74c
14-27-10/	85869	74d
14-33-10/	85926	320c
14-5-10/	85933	401f
15-14-10/	86047	425d
15-14-10/	86048	393e
15-17-10/	86059	448e
15-17-10/	86062	66c
14-45-10/	86071a	456e
14-45-10/	86071b	456f
15-27-10/	86150	433b
14-47-10/	86153	419d
15-14-10/	86193	306d
15-14-10/	86194	308f
15-14-10/	86195	308e
15-14-10/	86196	26f
15-14-10/	86197	106b
15-14-10/	86198	28c
15-14-10/	86199	324c
15-14-10/	86200	324a
15-14-10/	86201	246e
15-14-10/	86202	274d
15-14-10/	86203	334c
15-14-10/	86204	291b
15-14-10/	86204	345b
15-14-10/	86205	130f
15-14-10/	86206	412f
15-14-10/	86207	425f
15-14-10/	86208	388f
15-36-10/	86276	112e
15-36-10/	86278	112f
15-36-10/	86281	116f
15-36-10/	86504	117a
15-36-10/	86629	76d
16-20-10/	86706b	364d
16-20-10/	86706c	366d
16-20-10/	86706a	368e
16-20-10/	86708	427b
16-20-10/	86709	427c
16-20-10/	86710	428c
16-20-10/	86711	330f
16-20-10/	86712	408e
16-20-10/	86726	466b
16-20-10/	86727a	466c
16-20-10/	86728	278f
16-21-10/	86741	190a
16-23-10/	86743	207f
16-23-10/	86744	208d
16-23-10/	86745	218d
16-23-10/	86746	222e
16-23-10/	86747	227b
16-23-10/	86749	278c
16-23-10/	86750	180c
16-23-10/	86751	129c
16-23-10/	86753	301a
16-23-10/	86760	60a
17-8-10/	86981	456d
17-12-10/	87042	421d
17-12-10/	87045	207d
17-12-10/	87046	333b
17-12-10/	87048	326c
17-12-10/	87049	396b
17-12-10/	87050	394b
17-12-10/	87051	404d
999-25-10	87054	494b
17-16-10/	87065a	457c
17-16-10/	87065b	457d
17-16-10/	87065c	457e
17-16-10/	87065d	457f
17-16-10/	87066	459b
17-16-10/	87067	459a
17-16-10/	87068	458f
17-17-10/	87111	77e
17-17-10/	87112	77f
17-17-10/	87113	77a
17-17-10/	87114	76a
17-17-10/	87131	77c
17-17-10/	87145	76e
17-17-10/	87151	75c
17-17-10/	87152	75e
17-17-10/	87153	75f
17-17-10/	87166	75c
17-17-10/	87182	78c
18-3-10/	87266	459e
18-8-10/	87294	30b
18-8-10/	87294a	30e
18-8-10/	87295a	31b
18-8-10/	87295b	31c
18-9-10/	87308	94c
18-9-10/	87309	95a
19-12-10/	87357	458a
19-13-10/	87358	335c
19-13-10/	87359	387b
18-13-10/	87366	52a
18-13-10/	87366	54c
19-21-10/	87503	432f
19-21-10/	87504	430b
19-21-10/	87505	401e
19-21-10/	87506	397b
20-8-10/	87515	440a
20-8-10/	87516	440c
20-8-10/	87517d	439d
20-8-10/	87517a	440b
20-8-10/	87518a	439a
20-8-10/	87518b	439b

Accession	Cat. No.	Page	Accession	Cat. No.	Page
20-8-10/	87518c	439c	22-6-10/	97914	423c
20-9-10/	87557	41d	22-15-10/	97940	398b
20-9-10/	87558	38b	22-15-10/	97940b	398c
20-10-10/	87565	61b	22-15-10/	97940c	400d
20-10-10/	87566	49e	22-15-10/	97941	426e
20-10-10/	87567	54d	22-15-10/	97942	207c
20-10-10/	87568	52b	22-15-10/	97944	200f
20-10-10/	87569	133e	22-15-10/	97945	247b
20-10-10/	87570	189e	22-15-10/	97947	217b
20-10-10/	87571	212f	22-15-10/	97949	244f
20-10-10/	87573	247a	22-15-10/	97950	239f
20-10-10/	87573b	318e	22-15-10/	97951	290d
20-10-10/	87574	319a	22-15-10/	97952	152b
20-10-10/	87575	267e	22-15-10/	97953	170a
20-13-10/	87580	18e	22-15-10/	97954	169d
20-13-10/	87582	25c	22-15-10/	97955	169b
20-13-10/	87583	72c	22-15-10/	97956	145e
20-13-10/	87584	45e	22-15-10/	97959	133b
20-13-10/	87585	45f	22-15-10/	97959	136c
20-13-10/	87586	45d	22-15-10/	97960	171d
20-13-10/	87587	61f	22-15-10/	97961	321a
20-13-10/	87588	58b	22-15-10/	97962	302e
20-13-10/	87590	75a	22-15-10/	97963	414f
20-13-10/	87591c	81e	22-15-10/	97964	343e
20-13-10/	87591d	81f	22-15-10/	97965	337b
20-13-10/	87591b	82a	22-15-10/	97966	340c
20-13-10/	87591e	83f	22-15-10/	97967	373e
20-13-10/	87591a	86a	22-15-10/	97969	445b
20-13-10/	87592	83b	22-15-10/	97970	442c
20-13-10/	87592	88e	22-15-10/	97971	104e
20-13-10/	87593	147f	22-15-10/	97972	115d
20-13-10/	87594	150c	22-15-10/	97972	116e
20-13-10/	87595	155c	22-15-10/	97974	76f
20-13-10/	87595a	158e	22-15-10/	97975	88c
20-13-10/	87596	148f	22-15-10/	97976	46d
20-13-10/	87597	286c	22-15-10/	97979	148d
20-13-10/	87598	244d	22-15-10/	97980	209c
20-13-10/	87599	216d	23-23-10/	97992	16a
20-13-10/	87600	214d	23-24-10/	97993	282f
20-13-10/	87601	225e	23-24-10/	97994	286b
20-13-10/	87602	219e	23-24-10/	97995	283c
20-13-10/	87603	227a	23-24-10/	97996	283d
20-13-10/	87605	230c	23-24-10/	97997a	286f
16-20-10/	87606d	363f	23-24-10/	97998	286d
20-13-10/	87608	430e	23-24-10/	97999	285c
20-13-10/	87609	423b	23-24-10/	98000	287a
20-13-10/	87610	346e	23-24-10/	98001	345e
20-13-10/	87611	337e	23-25-10/	98002	84d
20-13-10/	87611	346c	24-16-10/	98004	335a
20-13-10/	87612	338f	24-16-10/	98005	448d
20-13-10/	87613	302f	24-16-10/	98006A/B	533b
20-13-10/	87619	446e	24-16-10/	98008A/B	545d
20-13-10/	87622	266a	24-16-10/	98008C	545e
20-13-10/	87623	293c	24-16-10/	98009	58a
20-13-10/	87624	115f	24-16-10/	98010b	83d
20-13-10/	87625	400b	24-16-10/	98010a	84a
20-8-10/	87626a	439e	24-16-10/	98011	166f
20-18-10/	87638	305e	24-16-10/	98012	159f
20-18-10/	87639	305f	23-27-10/	98020a	368b
20-18-10/	87640	306a	24-18-10/	98034	309b
20-18-10/	87641	306b	24-20-10/	98037	91a
20-13-10/	87642	229b	24-20-10/	98038	93c
21-10-10/	87648	439f	24-20-10/	98039	45b
21-10-10/	87648	440d	24-20-10/	98040	238f
21-12-10/	87653	50a	24-20-10/	98041	239e
21-12-10/	87654	44d	24-20-10/	98042	207b
21-12-10/	87655	56a	24-20-10/	98043	240f
21-12-10/	87656	40f	24-22-10/	98099	56d
21-12-10/	87657	77b	24-22-10/	98100	63e
12-6-10/	88373	309a	24-22-10/	98101	80e
12-6-10/	88375	403a	24-22-10/	98104	264d
12-6-10/	88376	394e	25-5-10/	98118	19e
58-18-10/	95822	429e	25-5-10/	98119	15f

Accession	Cat. No.	Page
25-5-10/	98142	24c
25-5-10/	98143	25f
25-5-10/	98144	27d
25-5-10/	98145	24d
25-5-10/	98146	24e
25-5-10/	98147	27c
25-5-10/	98169	465f
25-5-10/	98172	149f
25-5-10/	98172	158a
25-5-10/	98172	213e
25-5-10/	98174	89e
25-5-10/	98175	246c
25-5-10/	98176	49b
25-20-1-/	98181	209a
26-18-10/	98215	118f
27-15-10/	98241	203d
27-15-10/	98243	213f
27-15-10/	98244	214f
27-22-10/	98259	453f
27-22-10/	98260	56e
27-22-10/	98261	369c
27-22-10/	98262	153f
27-22-10/	98263	174a
27-22-10/	98264	84f
27-22-10/	98265	270c
27-22-10/	98266	228e
27-22-10/	98267	222a
27-22-10/	98268	213b
27-22-10/	98269	213c
29-25-10/	98318	154a
28-23-10/	98324	438c
28-23-10/	98326	79a
28-24-10/	98344a	46b
28-24-10/	98344b	55e
28-24-10/	98346b	156d
28-24-10/	98346a	157f
28-25-10/	98356	420b
28-25-10/	98357	403f
28-26-10/	98358	316b
28-26-10/	98359	273a
28-26-10/	98360	171e
28-26-10/	98361	171f
28-27-10/	98368	454e
29-23-10/	98371	199a
29-23-10/	98372	265c
29-24-10/	98374	277f
29-24-10/	98375	227e
29-24-10/	98377	163c
29-24-10/	98378	199b
29-24-10/	98379	199c
29-26-10/	98407	22b
29-26-10/	98408	20a
29-26-10/	98409	20b
29-26-10/	98411	52f
29-26-10/	98412	25e
29-26-10/	98413	25d
29-26-10/	98414	23e
29-26-10/	98415	28f
29-26-10/	98416	23f
29-26-10/	98417	27a
29-26-10/	98418	23d
29-26-10/	98419	24f
29-26-10/	98420	24a

Accession	Cat. No.	Page
29-24-10/	98429	458b
29-24-10/	98430	458d
29-34-10/	98433	420c
29-19-10/	98440	436d
29-19-10/	98452	436b
30-9-10/	98453	477b
30-9-10/	98454	16c
30-9-10/	98454b	16d
30-9-10/	98455	57d
30-9-10/	98456	88d
30-9-10/	98458	140f
30-9-10/	98459	400c
30-9-10/	98460	124b
30-9-10/	98461	336e
30-9-10/	98462	129a
30-9-10/	98463	128a
30-9-10/	98464	128b
30-9-10/	98465	44e
30-9-10/	98466	293b
30-9-10/	98467	72d
30-9-10/	98469	204f
30-9-10/	98470	231b
30-9-10/	98471	84c
30-9-10/	98472	251e
30-9-10/	98473	201d
30-9-10/	98474	115b
30-9-10/	98476	166e
30-9-10/	98477	283b
30-9-10/	98478	177c
30-9-10/	98479	101d
30-9-10/	98480	533a
30-9-10/	98481	533d
30-9-10/	98482	533e
30-12-10/	98484	461d
15-11-10/	A2633	407a
17-34-10/	A3589	417f
19-26-10/	A4785a	356e
19-26-10/	A4785b	356f
19-26-10/	A4785c	357a
19-26-10/	A4786	357c
19-26-10/	A4795	410e
19-26-10/	A4796	417a
19-26-10/	A4797	267a
19-26-10/	A4798	89c
19-26-10/	A4799a	87a
19-26-10/	A4799b	87b
31-33-10/	K68	440f
31-63-10/	K84	62d
31-63-10/	K85	57c
31-63-10/	K86	53c
31-63-10/	K87	47a
31-63-10/	K88	90c
31-63-10/	K97	33e
31-64-10/	K146	67f
31-29-10/	K148	52d
31-65-10/	K153	56f
32-79-10/	K156	459c
32-76-10/	K207	58f
32-88-10/	K209	47f
32-88-10/	K210	18d
32-88-10/	K211	18f
32-88-10/	K226	93a
32-88-10/	K227	93b